JN122825

Es muss sein

Es könnte auch anders sein

中央ヨーロッパ 歴史と文学

Mitteleuropa Geschichte und Literatur

桂元嗣
KATSURA, Mototsugu

春風社

中央ヨーロッパ　歴史と文学

目次

はじめに　5

はじめに

タイトルについて

本書は、十九世紀後半から現代までのオーストリアおよび周辺の東欧諸国（現在のチェコ、スロヴァキア、ハンガリー、ポーランド、旧ユーゴスラヴィア諸国など）の文化を、歴史と文学を手がかりに概観する。この枠組みで本書を書き進めるにあたり、「中央ヨーロッパ」という語をタイトルにした。各論に入る前に、なぜこのタイトルを選んだかについて触れておきたい。

オーストリアとその周辺諸国の文化をひとまとめにして考察する場合、ハプスブルクという王朝の名がひとつの枠組みとして語られることが多い。ハプスブルク家は十三世紀にドイツ王を世に出して以来、現在のオーストリアに相当する世襲領を中心に勢力を広めた。以後、ドイツのほぼ全域に広がる神聖ローマ帝国の帝位を長年にわたり独占、一時はスペインにも勢力を広げるなど、ヨーロッパ指折りの名門王家となる。そののちスペイン・ハプスブルク家は断絶するが、オーストリア・ハプスブルク家は十六世紀にチェコ（ボヘミア）、ハンガリーの王位を継承すると、ドイツの盟主のみならず多民族国家としての道を歩むことになる。

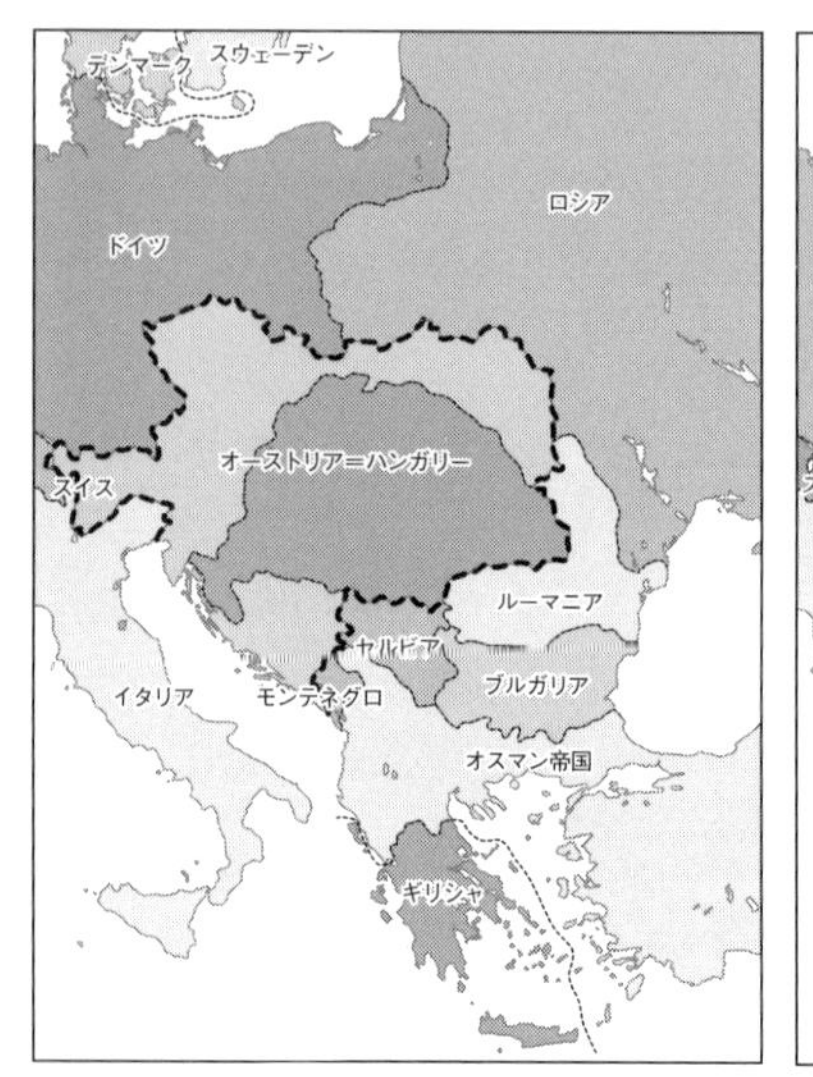

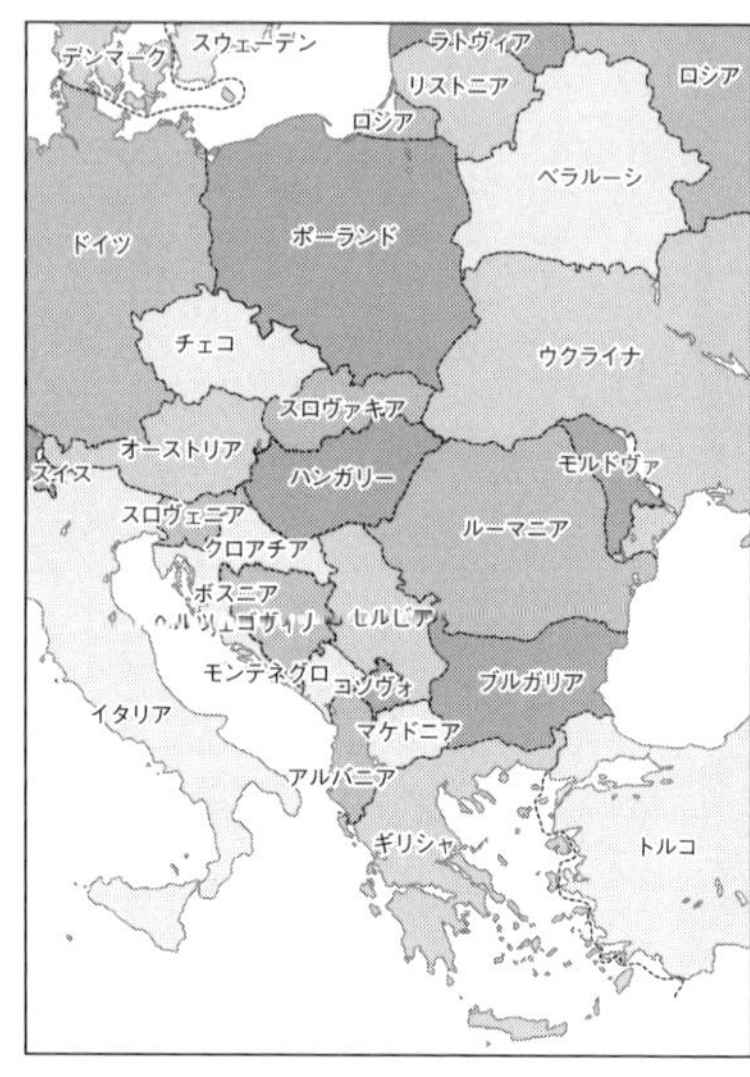

図1　1910年頃のオーストリア=ハンガリー君主国の領土（左）と2020年現在のヨーロッパ（右）

ナポレオンにより神聖ローマ帝国が解体されるにあたり、ハプスブルク家領は一八〇四年にオーストリア帝国として再出発する。しかし一八五九年に北イタリアを手放し、一八六六年にはドイツ統一の主導権をめぐって争っていたプロイセンとの戦争に敗れた結果、オーストリア帝国はオーストリア＝ハンガリーという二重君主国へと姿を変える。ハプスブルク帝国は一九一〇年の時点でもなお、現在のオーストリア、チェコ、スロヴァキア、ハンガリー、スロヴェニア、クロアチア、ボスニア・ヘルツェゴヴィナ、ルーマニアの西部、ポーランドの南部、ウクライナの西部、イタリアの一部を含む広大な領土を有していた（図1）。およそ六五〇年にわたってこの地を支配してきた帝国の記憶は、「ハプスブルク神話」（クラウディオ・マグリス）と呼ばれるかつての大帝国への郷愁を含みつつ、現在においてもなお影響をおよぼし続けている。本書で扱うのも、基本的にはかつてハプスブルク帝国だった領域における歴史と文学である。

しかし、本書ではタイトルにハプスブルクではなく「中央ヨーロッパ」を選んだ。「中欧」という言葉自体は、次節で述べるようにさまざまな問題をはらんだ概念である。それでもあえてタイトルとしたのは、ハプスブルクという言葉を中心にすえるとどうしてもオーストリア・ハプスブルク家による支配と従属およびそこからの解放という枠組みでの構成にならざるを得ないからである。しかしこの地域の文化には、ハプスブルクやオーストリアといったキーワードをあてがってしまうとなかなか見えてこないものがあり、本書ではむしろそのなかなか見えてこないものにこそ焦点をあてたいと考えている。それはこの地における「ドイツ」の影響である。

ただし、ここでいうドイツとは、かならずしも十九世紀後半に成立した国家としてのドイツという意味ではない。あるいはプロイセン、神聖ローマ帝国といった国家ないしは帝国でもない。言語として、民族として、あるいは文化としてヨーロッパ世界に広まった「ドイツ的なもの」を指している。チェコやハンガリーやポーランドといった非ドイツ語圏の民族や、そしてユダヤ人のように民族や言語の枠組みには当てはまりにくい人々もまた、このドイツ的なものに対して、あるときは屈し、同化し、またあるときは反旗を翻し、あるいは無化しようとしてきた点において共通している。ドイツ系住民の国家であり、ハプスブルク時代には支配的地位にあったオーストリアは、一見すると非ドイツ諸国をめぐる事情とは異なるように思われるかもしれない。しかしオーストリアもまた、あるときは自らをドイツとみなし、またあるときは自らをドイツから区別することで自身の存在を確立してきた。この点において、オーストリアもまた周辺諸国の人々と歴史を共有しているのである。本書ではこうした観点にもとづき、主にドイツとの緊張をはらんだ歴史の中で生じた文化を取り上げていきたい。そのことを明確にするために「中央ヨーロッパ」という言葉をタイトルに挙げている。

中欧とは？——三つのイメージ

ドイツ・イデオロギーとしての中欧

では「中央ヨーロッパ〈中欧〉」（ドイツ語でMitteleuropaないしはZentraleuropa）とは何か。実のところ、この概念をはっきりと定義づけるのは難しい。単に地理的にヨーロッパの中央という意味で用いられることもあれば、政治的な概念であったり、経済圏域を意味したり、文化的枠組みとして用いられたりもするからである。身近なところではヨーロッパで広く採用されている標準時はCET、中央ヨーロッパ時間（Central European Time）という。これは時間的枠組みにおける中欧といえるだろう。ただしこの時間的枠組みの中には、スペイン、フランス、イタリアをはじめとして、オフンダやドイツ、さらにはノルウェーやスウェーデンなどのいわゆる北欧の国々も含まれるが、フィンランドやバルト三国は外れる。これをかつてのハプスブルク帝国の領域を「中欧」と呼ぶ立場と比較したところで、どちらが適切か結論は出ないであろう。このように中欧という言葉は、状況や立場に応じてその内容をさまざまに変化させる。ジャック・ル・リデーは『中欧論』(一九九六)の中で「〈中欧〉という歴史的、地政学的概念は、明確に定義できる地理的実体をもたない。その輪郭は本質的に曖昧で、状況に応じて変化し続けている[1]」と述べている。とはいえ、「不確定で、可変的で、議論の余地のある[2]」この概念が一定のニュアンスを帯びていることも確かである。ここでは本書の枠組みとも関係する代表的なイメージを三つ挙げておきたい。

第一のイメージとしてまず確認しておきたいのは、中欧という概念は、ながらくドイツ帝国主義のイデオロギーとみなされてきたということである[3]。この場合の中欧とは、ドイツやオーストリアをはじめとするドイツ語圏を指す。「中欧」は、ドイツが地政学的にヨーロッパの中心に位置することから生まれたイデオロギーとして、神聖ローマ帝国以来の「ライヒ」(Reich はドイツ語で「帝国」の意)概念や、ナチス＝ドイツの「生存圏」(Lebensraum)構想と結びつき、ドイツの東方支配を正当化する政治的な意味合いを帯びることになる。一九三八年にオーストリアをドイツに合邦し、さらに一九三九年にはチェコスロヴァキアを保護領としたヒトラーは、同年三月十六日、次のような公示を行っている。「千年来、ボヘミアとモラヴィアの地はドイツ民族の生存圏であった。暴力と無分別により、この地は歴史的に古いつながりのある周辺地域から恣意的に引き裂かれ、ついにはチェコスロヴァキアという人工的な形成物にはめ込まれることになった。それにより、この地は絶え間ない動乱の発生源となった。この空間から──すでに過去に一度そうであったように──ヨーロッパの平和を揺るがす、新たな、途方もない脅威が訪れかねない危険が、年を追うごとに高まったのである。[……]それゆえドイツ帝国は、自己保存の要請に従い、中央ヨーロッパに道理にかなった秩序の基礎を再び打ち立てるべくこの地に介入し、それによって生じる施策を実行に移すことにした。ドイツ民族の偉大さと数々の特性に鑑みただけでも、ドイツ帝国こそその任にふさわしいことは、数千年にわたる歴史によってすでに証明されているといえよう」[5]──このような政治的な文脈で「中欧」という言葉が用いられていたことを考慮するならば、この言葉は、ともすればヒトラーの影がちらつく、極めてセンシティブな問題をはらんだものといえるだろう。実際に第二次世界大戦後、「中欧」はむしろタブーとされる概念だったのである。

小民族の集合体としての中欧

ところが二十世紀後半、一九八〇年代になると、これまでとはちがった意味で「中央ヨーロッパ」が脚光を浴びることになる。第二次世界大戦後の米ソ対立から生じた冷戦により、かつてハプスブルク帝国を構成していたチェコスロヴァキアやハンガリーやポーランドといった国々は、ソ連の強い影響のもと「東ヨーロッパ」とみなされるようになっていた。そうしたなか、東欧出身の知識人たちが、政治的状況によって自らの存在が東西に引き裂かれている現状を世界にアピールする目的で「中欧」（ないしは「中東欧」）という理念を持ち出したのである。これが第二の中欧のイメージである。その代表的な例は、チェコスロヴァキア出身の作家ミラン・クンデラ（図2）によるエッセイ「誘拐された西欧――あるいは中央ヨーロッパの悲劇」（一九八三）で確認することができる。クンデラは「一九四五年を境に、このヨーロッパの境界線は数百キロ西側に移動し、自分をつねに西欧人だとみなしていたいくつかの民族は、ある日、目を覚ますと、自分たちが東側にいることに気がついた[6]」と述べる。そして中欧を「地理的に中央部にありながら文化的には西、政治的には東」と位置づけた。そのうえでチェコ人、スロヴァキア人、ポーランド人、ハンガリー人といった小国の民族は、つねにドイツやロシア（ソ連）といった大国に運命を左右されてきたと語る。このようにクンデラは大国によってもたらされた東欧諸国の苦境を中欧の名において告発する

図2　ミラン・クンデラ

が、興味深いのは、まさにこの苦境の中で生み出された思考や芸術に、この地特有の文化的価値を見出しているところである。「小民族の集合体としての中央ヨーロッパは、「歴史」に対する深い不信の念にもとづく固有の世界観をもっている。「歴史」というヘーゲルとマルクスの女神、「理性」の化身は、私たちを裁き、審判を下す。それは勝者たちの「歴史」である。ところが中央ヨーロッパの民衆は勝者ではない。もちろん彼らもヨーロッパの「歴史」と切り離すことはできず、それなしに存在することはありえないだろう。だが、彼らが体現しているのは、この「歴史」の裏側であり、その犠牲者、アウトサイダーたちである。栄華だの栄光だのを嘲笑する、彼らの「非-真面目な精神」、その知恵、文化の独自性の源泉は、まさにこの「歴史」に幻滅した体験に由来するのである[7]」――このようにクンデラは、チェコやハンガリーやポーランドといった小国の人々を、大国であるドイツやロシア（ソ連）といった勝者によってつくられる「歴史」の背景につねに追いやられてきたという共通体験において結びつける。そして一見絶対的なものに見える勝者の歴史を嘲笑し、それとは別の、歴史の裏側に価値を見出す独自の文化が形成される場として「中央ヨーロッパ」を位置づけているのである。

ノスタルジックな虚構としての中欧

このような文化圏的観点から形成された小民族の集合体としての中欧のイメージは、ハンガリーの作家コンラード・ジェルジ（Konrád György, 一九三三〜二〇一九）のまなざしにおいては、政治によって人為的に隔てられた東西の壁を超える力を秘めたユートピア的な文化概念となる。彼にとって中欧とは「夢にほかならず、であるがゆえに革命的(8)」なのである。目の前の現実とは異なる「そうであったかもしれない」世界に思いをはせる点で、彼の中欧概念はいわゆる「ハプスブルク神話」と重なる。これが第三のイメージである。シュテファン・ツヴァイク（図3）やヨーゼフ・ロートら二十世紀前半に活躍したオーストリアの作家にとって、「昨日の世界」と化したかつてのハプスブルク帝国は、皇帝フランツ・ヨーゼフ一世の治世のもと、絵画、建築、音楽、文学などの分野でいわゆる「世紀末ウィーン」文化が花開き、諸民族が調和して生活する「安定の黄金時代(9)」だった。こうした「神話」を紡ぐ彼らの多くは、第一次世界大戦前後に故郷や自らの存在の根拠となる歴史的特性を失ったユダヤ人作家であった。彼らのまなざしによくみられるこうしたノスタルジックなイメージを受け継ぐように、オーストリアの知識人はたびたびかつての帝国に息づいていたとされる民族調和の精神を取り上げ、オーストリアこそが来るべき調和的なヨーロッパ世界の先駆であると主

図3　シュテファン・ツヴァイク

張する。ただしここで本書の内容からあらかじめ補足しておくと、「中欧」にせよ「ハプスブルク神話」にせよ、いずれにもいえるのは、この郷愁に満ちたオーストリアのイメージは、現実とはかけ離れた「知的な妄想の産物[10]」にほかならず、帝国崩壊から現在に至る中欧世界の歴史的実体をまったくといっていいほど反映していないのである。それは世紀末ウィーンにおいて重要な位置を占めていたユダヤ的文化がナチス＝ドイツのホロコーストによって決定的に損なわれてしまったことからもいえる。皮肉なことに、一九八九年にベルリンの壁が崩壊し、東西冷戦が終結することで「中欧」が実体をともなって現れたとたん、こうしたノスタルジックな「中欧」をめぐる議論は急速にその力を失っていったのだった。

　このように「中欧」という言葉をめぐっては、ドイツからの地政学にもとづいた視点と、東欧諸国からの歴史に根差した文化圏的な視点、さらに実体をともなわない虚構としての視点が重なり合っている。中欧の歴史と文化を考察することは、「あれか、これか」と特定の立場に立つのではなく、この複雑な絡み合いを解きほぐしながら、特定のものの見方の裏側にある他者のまなざしの存在を確認し、そのいずれをも浮かびあがらせようとする試みにほかならない。それは「こうでなければならない」という視座とともに、「ひょっとしたら別様でもありえるかもしれない」というもうひとつの視座[11]を得るということであり、そのような複数的なまなざしを獲得することを本書の目的としたい。

本書の構成

本書は三部構成で成り立っている。このうち第1部は「チェコとドイツ語」と題し、チェコが歴史的にドイツと深いつながりをもっていたこと、その後ドイツ語が公用語としてハプスブルク帝国内で強制される過程で、文化言語としてのチェコ語が失われていったこと、さらに十九世紀以降に民族復興運動が生じる中でチェコ語が復活し、チェコ固有の文化が再発見されていく過程を紹介する。そうしたチェコの歴史をふまえたうえでフランツ・カフカやカレル・チャペックらの具体的な文学作品を考察し、ドイツ語とチェコ語という異なる言語を用いつつも彼らが共通した文化的背景をもっていることを明らかにする。

第2部「ユダヤ人と同化の問題」では、それまで宗教的な迫害を受けてきた中欧のユダヤ人が十九世紀のハプスブルク帝国におけるドイツ社会に同化していく過程を、帝都ウィーンを舞台として考察する。帝国各地のユダヤ人は十九世紀に移動の自由を得てウィーンへやってくると、当時形成されつつあった自由主義社会に溶け込み、さまざまな分野で活躍していく。しかしその一方で彼ら同化ユダヤ人はドイツ・ナショナリズムの高まりとともに新たにドイツ人から区別され、社会的な迫害を受けていく。そうした中で自らの存在の根拠を文化に求め、新たな芸術を創出したり、反対に失われた過去へ思いをはせたりすることによって、異なる価値観を排除しようとする時代の趨勢に抵抗する姿を、グスタフ・マーラーの音楽やヨーゼフ・ロートの文学作品を取り上げつつ紹介する。

第3部「オーストリア人の自国感情」は、十九世紀後半にドイツと区別されることになったオーストリアが独自性を獲得する、その経緯と帰結について、人々の自国をめぐる感情や批判的まなざしを中心に紹介する。こう述べると、第3部は特定のものの見方の裏側にある他者のまなざしの存在を確認しようとする本書の趣旨から外れているように感じられるかもしれない。しかしオーストリアをオーストリアたらしめているものもまたドイツ的なものであり、そのドイツ的なものに同化しようと試みつつも同化を拒否するところに、オーストリアとほかの中欧諸国との文化的共通性が存在する点が指摘できればと考えている。とりわけ「ハプスブルク神話」に代表されるノスタルジックな中欧イメージはオーストリアから発せられることが多いが、同時に過去に対して目を背け、自らを「犠牲者」と位置づけることで戦後に再スタートを切ったオーストリアならではの「神話」も、ベルンハルトやハントケら現代オーストリア作家の作品を通じて確認したい。

巻末には中欧の歴史や文学に関してさらに興味を深めて読み進めることができるよう、各章三冊ずつのブックガイドを掲載した。また時代の流れやつながりが理解しやすくなるよう、関連年表を付した。本書とあわせて読んでいただければ幸いである。

第1部
チェコとドイツ語

第１章　ルドルフ二世の小部屋——ゴーレムの出現

なぜチェコ？　生成と消滅の歴史

第１部では中央ヨーロッパにおけるチェコ[1]について、主にドイツ語との関係から近現代の歴史を概観し、そこで生まれた文化を紹介する。ところで、さまざまな民族や言語が共存している中央ヨーロッパの文化をドイツとの関係から考察するうえで、なぜチェコの歴史や文学を取り上げるところから始めるのだろうか。

チェコ史家の薩摩秀登は、「われわれはしばしば、千年以上にわたるチェコの歴史をすべて「チェコ民族の国家」の歴史とみなすという落とし穴に陥りがちになる[2]」と述べている。チェコは十六世紀以降ハプスブルク家の支配下に置かれ、この支配は結局一九一八年にオーストリア＝ハンガリー二重君主国が崩壊するまで続く。その間の約四世紀にわたる時代は、ハプスブルクというドイツ人の王朝のもとでチェコ人が抑圧された、いわゆる「暗黒時代（doba temna)」であったという見方がかつてはあったし、今でも根強い。「そしてこうした帝国からチェコ人が、あたかも中世のチェコ王国を復活させるかのように独立し、激動を潜り抜けて今日のチェコを築いたといった解釈が、この国の歴史を語るときにはいまだに付きまとう[3]」のである。

今でこそチェコはスラヴ系民族であるチェコ人が人口の九割以上の圧倒的多数を占める国家である。この国家は第一次世界大戦後にオーストリア＝ハンガリー君主国から分離独立したチェコスロヴァキアがもとになっている。しかし、成立当時のチェコスロヴァキア自体は、国をともに構成していたチェコ人やスロヴァキア人等のスラヴ系民族をはじめ、ドイツ人、マジャール人、ユダヤ人など、非スラヴ系の住民も数多く含んだ多民族国家であった。さらに時代をさかのぼって中世の時代をみても、チェコ人の生活圏にはつねにほかの民族が共存していたのである。しかし二十世紀になると、チェコのユダヤ人はナチス＝ドイツによってこの地を追われ、第二次世界大戦後は三百万人ものドイツ人もまたチェコ人の手によって強制的に国外に追放された[4]。その結果として、現在のチェコはあたかも中世の昔からチェコ民族のみで構成されているかのようにみなされることとなった。

そのように考えると、現在のわれわれが目にしているチェコとは、いわば歴史上かつて存在したことのなかったような国家なのである。以上の点から、チェコの文化を考察するにあたっては、チェコ人という一民族の文化としてとらえるのではなく、中世から第二次世界大戦後までの歴史的経緯をふまえつつ、チェコ人、ドイツ人、そしてユダヤ人といった異なる文化的背景をもつ人々の交流／衝突の産物としてとらえることが重要である。そして、この地の歴史や文化を、そのほかの中欧諸国が歩んできた歴史や、そこではぐくまれた文化のひとつのモデルとして示していく。それが第1部でまずチェコの歴史と文化を取り上げたい理由である。

本章ではチェコが国家として形をなし始めた九世紀以降の歴史を概観する。とりわけその後のチェコ文化に大きな影響を及ぼした存在として十六世紀から十七世紀にかけて活躍した神聖ローマ皇帝ルドルフ二世（Rudolf II., 一五五二〜一六一二）の時代の文化を中心に取り上げ、当時流行したマニエリスム芸術や、彼の時代を舞台としてヨーロッパに広がったゴーレム伝説を紹介する。というのも、従来の価値観が大きく転換したルドルフの時代に花開いた芸術や伝説は、第1部で中心に取り上げる二十世紀以降のチェコの芸術文化、たとえば第3、第4章で紹介するカフカやチャペックの世界観に大きな影響を与えるとともに、そのほかの中欧の芸術文化とも何らかの形で共通する要素をもっているからである。

チェコの歴史（九世紀〜十六世紀）

まずはルドルフ二世が登場するまでのチェコの歴史を概観しよう。この地にはじめて建設された安定的な国家は、九世紀ごろのモラヴィア王国とされる。この王国はキリスト教を受け入れつつも、東フランク王国（その後のドイツ王国、神聖ローマ帝国の前身）出身の聖職者たちに対抗するためビザンツ帝国の正教会に接近するなど、独立性を保っていた。しかしモラヴィア王国は九世紀にマジャール軍の侵入を受けると、荒廃、滅亡してしまう。それと前後する形で、九世紀後半、おおよそ現在のチェコ共和国に相当する領域にわたって国家を築いたのがプシェミスル朝である。この王朝はヴァーツラフ一世（九〇七〜九三五）（図1）のときに、ドイツ・ザクセン出身の東フランク王ハインリヒ一世による上級支配を認め、ザクセンの聖人である聖ヴィートの遺骨（聖遺物）を譲り受けて現在のプラハ城のある丘に埋葬し、教会を建てた。彼はこの地におけるカトリック信仰を促進したことから、のちに聖人に列せられることになる。そして九六二年、ハインリヒ一世の息子オットー一世（九一二〜九七三）がローマ教皇から戴冠を受け、神聖ローマ帝国が誕生すると、チェコは帝国の一構成国となる。このように、チェコには国家としては歴史のかなり早い段階から、宗教を仲立ちとしたドイ

図1　プラハのヴァーツラフ広場
手前にヴァーツラフ一世（聖ヴァーツラフ）像が見える

ツとの密接なつながりがあったことがわかる。ちなみにこの点において、十六世紀に同じくハプスブルク家の支配を受けることになるハンガリーとの違いが見てとれる。非キリスト教国であったマジャール人の暮らすハンガリーは、十世紀後半にオットー一世との戦いに敗れた結果、君主イシュトヴァーン一世がキリスト教に改宗し、ローマ教皇から聖別されハンガリー国王として戴冠する。この地は「聖イシュトヴァーン王冠の地」と呼ばれるようになるが、チェコとは異なり、オットー一世が創設した神聖ローマ帝国の構成国とはならなかった。

その後プシェミスル家は十四世紀に断絶し、代わりにルクセンブルク朝が成立する。プラハで生まれたカレル一世（一三一六～一三七八）は、チェコ王として聖ヴァーツラフ（聖人化されたヴァーツラフ一世）を崇拝し、キリスト教をさらに広めた。彼は教皇クレメンス六世と交渉して、プラハ司教座を独立の大司教座に昇格させ、一三四四年にはプラハ城内に聖ヴィート大聖堂を建設する。さらにカレル一世は一三四八年に中欧最古の大学であるカレル大学を創設するなど、この地の宗教および学問の基礎を築いた。また、彼は神聖ローマ皇帝カール四世として戴冠すると、プラハに都を置いた。一三五六年には皇帝選出権を七選帝侯に与える金印勅書を発布する。その際、チェコ（ボヘミア）は、モラヴィア、シレジア、ラウジッツといった諸領邦とともに「聖ヴァーツラフ王冠諸邦」の名にまとめ上げられ、七選帝侯のひとつを担うこととなる。この時期のチェコは王国としての独立性を高めながらも、神聖ローマ帝国の盟主として帝国の運営に積極的に関与していたといえる。ちなみに当時オーストリア公国領を統治していたハプスブルク家は当時勢力を増しつつあったが七選帝侯には入れられなかった。しかし、十五世紀以降は皇帝に選出され続け、事実上皇帝位を世襲することになる。

ハプスブルク家がこの地を支配するようになったのは、すでに述べたように十六世紀半ばのことである。「汝幸いなるオーストリアよ、結婚せよ」という言葉を残したとされる神聖ローマ皇帝マクシミリアン一世（一四五九〜一五一九）の孫であるフェルディナント一世（一五〇三〜一五六四）が、一五二六年にチェコ国王とハンガリー国王に選出されたことによる。ルクセンブルク家が絶えて以降、この地では宗教を発端とする戦争が続いていた。カレル大学の神学教授ヤン・フス（一三六九頃〜一四一五）は民衆にわかりやすいチェコ語で説教を行っていたが、教皇と教会の権威を批判し、一四一四年のコンスタンス公会議に召喚され、破門された。翌年に火刑に処せられたが、それがきっかけとなってフス派を支持するチェコ人とカトリックを後ろ盾とする皇帝軍とのあいだで戦争が起こった。これがフス戦争である。戦争自体は一四三九年に収束するが、その後ハプスブルク家がこの地を支配することになって以降も、ルターによる宗教改革の影響を受け、チェコ人貴族が支持するプロテスタント陣営と皇帝をはじめとするカトリック陣営の対立は泥沼化していく。ルドルフ二世が神聖ローマ皇帝になったのはこうした時代背景のもとであった。

ルドルフ二世とマニエリスム

ルドルフ二世（図２）は十六世紀半ばの一五五二年に神聖ローマ皇帝マクシミリアン二世の子としてウィーンで生まれる。一五六三年から一五七一年まで八年間スペイン・マドリードのフェリペ二世（ルドルフの母マリアの兄）の宮殿で過ごし、厳格なカトリック教育を受ける。一五七六年に神聖ローマ皇帝に即位すると、一五八三年に帝国の首都をウィーンからプラハに移す。しかし実の弟マティアスによって帝位を追われ、一六一二年に死去している。

図２　ルドルフ二世
（ウィーン美術史美術館所蔵）

ルドルフ二世は一般には政治的に無能であったといわれる。これは彼が表向きにはスペインを範とする正統カトリックにもとづいた政策を施しつつも、実際には父マクシミリアン二世同様フス派を含めたプロテスタントに信仰の自由を認めるなど、政策が一貫しなかったために、和解の図りがたい宗教論争の渦中に立たされることになったことや、メランコリアと呼ばれる彼の情緒不安定な気質によって周囲に対しかたくなに心を閉ざし、政治の世界に背を向けて錬金術・占星術・カバラ（ユダヤ教の秘儀）などの精神文化に傾倒するなど、情勢の混乱を深めたことが主な理由として挙げられる。

その一方で彼は芸術文化の庇護者として知られていた。彼は混迷する世界から逃れるようにアルブレヒト・デューラーやピーテル・ブリューゲルなど、国内外の芸術作品を熱心に収集した。そしてプラハ城内に「クンストカンマー」（芸術と驚異の部屋）と呼ばれる小部屋を作り、そこに閉じこもった。グルタフ・ルネ・ホッケによると、「巨大な蠕虫、侏儒、巨人、さそり、シャム双生児、魔法の石、魔術の道具、迷宮、自動楽器、時計、動植物の化石、光学器械、あらゆる種類の鏡、インドや中国やペルーの珍奇な品々[5]」といったありとあらゆる種類の不思議なものを集めたといわれる。またコスモポリタンな文化交

図3　マニエリスム美術
左：アルチンボルド《ウェルトゥムヌス》（1591）（スウェーデン・スコークロステル城所蔵）
右：スプランゲル《ヘルマフロディトスとサルマキス》（1580~82頃）
（ウィーン美術史美術館所蔵）

流を進め、父マクシミリアン二世の治世以来宮廷に仕えていたイタリア出身の画家ジュゼッペ・アルチンボルド（Giuseppe Arcimboldo, 一五二七〜一五九三）やブラバント（現ベルギー）出身のバルトロメウス・スプランゲル（Bartholomeus Spranger, 一五四六〜一六一一、スプランヘルとも）らをプラハに住まわせた。

アルチンボルドやスプランゲルらが描いた絵画は、芸術様式としてはマニエリスムと呼ばれる。マニエリスムとは、盛期ルネサンスからバロックの合間の様式である。イタリア語の「マニエラ（maniera 手法・様式）」という語に由来する芸術様式で、自然らしい調和を逸脱した高度の芸術技巧・観念性を暗示することで知られている。たとえばスペインで活躍した画家エル・グレコの《悔悛する聖ペテロ》（一六〇〇）のように自然な縮尺とは異なる腕の長さであるとか、どぎつい光の調子など、画家の主観を重んずる表現で知られる。アルチンボルドはルドルフ二世を模したとされる《ウェルトゥムヌス》（一五九一）（図3）のように野菜や果物で構成された人の顔や、《庭師》（一五九〇）のように一見すると鉢に玉ねぎや大根などの野菜を載せただけの絵なのにひっくり返すと人の顔が浮かび上がる「だまし絵」を描いたりした。スプランゲルは神話にモチーフをとりつつ、《ミネルヴァの勝利》（一五九一頃）や《ヘルマフロディトスとサルマキス》（一五八〇〜八二頃）（図3）のように、ことのほか複雑に身をよじり官能的なポーズをとった裸体画を数多く描いた。

なぜこうした芸術様式が盛んになったのだろうか。ホッケは「政治的、倫理的に秩序の乱れた世界は、もはや調和的宇宙(コスモス)を構想することはない。それは「恐るべきもの（terribilità）」（ミケランジェロの絵を人々はそう呼んだ）であり、周囲との関係を絶たれ、不安に満ちた孤立状態であり、古典様式の規範によってはもはや表現することのできない恐怖であり、歪みである」[6]と述べている。この「政治的、倫理的に秩序の乱れた世界」とは、ルドルフ二世が背を向けて自らの小部屋に逃げこまざるを得なかった宗教改革以来の不安定なヨーロッパ世界であることは明白であろう。ルドルフ二世の時代とは、「皇帝の権威と聖性、前キリスト教世界の単一性、帝国の神聖など、さまざまに重層する中世的概念の融合物」としての帝国の理念（ライヒスイデー）が、中央集権的独裁理論の実践的表現へと変質する、パラダイムの転換期だった[7]。つまり皇帝権力を受け継いだルドルフにとって帝国とはローマ・カトリックをその根拠としたコスモポリタン的普遍主義の実践であったはずなのに、そうした普遍的価値観と呼ばれるべきものが新教や絶対王政の登場によって音を立てて崩れるのを目の当たりにしていたわけである。彼はヨハネス・ケプラー、ジョルダーノ・ブルーノら天文学者や哲学者もプラハの王宮に招いていたが、それまで常識とされていた宇宙観や自然観もガリレイやニュートンの登場によってまさに天地がひっくり返るほどの転換を遂げた。こうした状況に鑑みると、この時期アルチンボルドが描いた絵の中にいわゆる「だまし絵」、すなわち目の前に真なるものとして存在していたものが上下を転倒させるやたちまち異なる姿を現す絵画があったことや、スプランゲルのように不自然なまでに身をゆがめる官能的な絵が描き出されたのは偶然ではない。しかしルドルフ二世の小部屋に収められたこうした芸術作品も、ルドルフの死後、一部がウィーンに移されたり、三十年戦争末期にプロテスタントのスウェーデン軍がプラハに侵入した際に略奪されたり、その後競売にかけられたりして散逸してしまった。(8)

プラハのゴーレム伝説と二十世紀

ホッケは十六〜十七世紀に流行したマニエリスムと十九世紀末〜二十世紀の表現主義との美術文学上の共通性についても語っている。(9) それまでの価値の転倒とその中で自らの主観にもとづいた力強い芸術が生まれたのは、確かに第一次世界大戦前後の混乱の中に生まれた表現主義絵画にも通じるところがある。もちろん十六〜十七世紀という時代と十九世紀〜二十世紀という時代とではその歴史も価値観も異なるわけで、そのまま比較できるわけではない。しかし異なる時代間に存在するなんらかの共通性や類似性を、神話や伝説、文学や絵画を通じて感じ取ることは可能である。それが文化や芸術のひとつの役割ではなかろうか。その意味で注目したいのは、ルドルフ時代のプラハを舞台に繰り広げられたゴーレム伝説である。この伝説は中央ヨーロッパの各地に伝わっているが、十九世紀末から二十世紀に活躍したチェコの小説家・歴史家アロイス・イラーセク（Alois Jirásek, 一八五一〜一九三〇）が収集した『チェコの伝説と歴史』（一八九四）によると、プラハに伝わるゴーレム伝説は次のようなものである。ルドルフ二世の時代に実在したユダヤ教のラビ、レーヴ（実在したイェフダ・レーヴ・ベン・ベザレル（一五一二～一六〇九）とされる）は、皇帝の要請に応じてユダヤの太祖の幻像を見せ、迫害の窮地に陥っていたユダヤの人々を救った。彼はさらに土くれからゴーレムという人形をつくり、その口にシェム（呪符）を入れて命を与えた。ゴーレムは彼の召使いとして大いに働いた。安息日のはじまる金曜の晩になると、ラビはその口からシェムを取った。するとゴーレムは直ちに硬直し、死んだ土の塊となった。あるときラビが安息日にもかかわらずシェムを取り忘れたことがあった。するとゴーレムが暴れ出した。家じゅうの食器や家具が破壊され、めんどりや犬や猫が殺され、太い菩提樹の木が地面から引き抜かれた。あわててラビが呪符を取り外すと、ゴーレムが土くれの人形に返った。やがてゴーレムは旧新シナゴーグに運ばれ、そこで粉々に崩れていった。[10]

元来ゴーレム（Golem）という言葉は、旧約聖書の「詩篇」第一三九章十六節に出てくるヘブライ語に由来する。日本語で「胎児であったわたし」（新共同訳）であるとか、「まだできあがらないわたしのからだ」（口語訳）と訳されているこの言葉は、ユダヤ神秘主義においては「未定形のもの、生成の状態にありつつも未完成のもの」を表す言葉とされている。旧約聖書の「創世記」における天地創造の物語において、神は土くれ（アダマ）からアダムをつくり、神の息を吹きかけることでアダムに魂を与える。それによって最初の人間が誕生するわけであるが、ユダヤ神秘主義者たちは、神の息吹を受けていない、魂の欠けた未完成のアダムのことをゴーレムと呼んだのである。ゴーレムに物言わぬ従順な召使いとしてのイメージがつくようになったのは十五、六世紀ごろのことであり、危険な破壊者としてのイメージがつくことになったのはさらに時代が下って十八世紀ごろとされる。[11]いずれにしても、宗教改革や絶対主義という人間が作り出した新しい価値観が、いつしか暴走を始めるかのように中世の普遍的な価値観を崩壊させ、その結果、異なる価値観の入り乱れた、混沌の時代を迎えたことをゴーレムが象徴しているといえる。

人間が神の秩序に迫ろうとした結果、大いなるしっぺ返しを食らうというこの人造人間の物語は、二十世紀の時代に好んで取り上げられた。オーストリアの作家グスタフ・マイリンク（一八六八〜一九三二）の小説『ゴーレム』（一九一五）によって、ゴーレム伝説は幻想的かつ猥雑な衣をまとった。さらに一九二〇年にはパウル・ヴェーゲナー（一八七四〜一九四八）によってプラハのゴーレム伝説をふまえたドイツ映画『巨人ゴーレム』（図4）が撮られた。その結果、プラハは決定的に「ゴーレムの都市」として記号化された。[12]さらにゴーレムと

図4　パウル・ヴェゲナー監督『巨人ゴーレム』(1920) の一場面

いうよりはむしろアルチンボルドの強い影響を感じさせるプラハの人形アニメーション作家ヤン・シュヴァンクマイエル（一九三四〜）もまた、プラハの街の石にはいずれもゴーレムを生み出したルドルフ時代の「宿命的な痕跡」が刻まれていると述べている。(13) いずれもそれぞれの作家ならではの表現を通して、ゴーレム伝説の舞台であるルドルフの時代と、彼らの生きた二十世紀とを結びつけている。魂の欠けたアダム、すなわち外見上は人間でありながらも非人間的な形象を二十世紀の作家たちが作品のテーマに設定したのはなぜだろうか。ルドルフの時代との関連については、フランツ・カフカとカレル・チャペックの生涯と作品を取り上げる第3、第4章でもあらためて触れたい。

第２章　言語政策と民族復興運動

――物語の共有

チェコの「ドイツ化」

ルドルフ二世が一六一一年にチェコ王を追われ翌年死去すると、ほどなくして三十年戦争（一六一八〜一六四八）が始まる。これは全ヨーロッパに広がるプロテスタントとカトリックとの宗教戦争である。チェコ王に即位したハプスブルク家のフェルディナント（のちの神聖ローマ皇帝フェルディナント二世）の強硬なカトリック政策に対してチェコのプロテスタント貴族が反発し、一六一八年にプラハ城の窓外に王の代官二名と書記一名を投げ落とした事件（プラハ窓外放擲事件）がきっかけとされる。この三十年戦争は単一・普遍的な中世ヨーロッパ世界が完全に崩壊したことを告げ知らせるものであり、その後のヨーロッパ世界の近代化に大きな影響を及ぼした。本章では三十年戦争に端を発するチェコの「ドイツ化」の過程と、その後十九世紀にチェコ人が自らの民族性に目覚め、ドイツ的なものから離反していく過程を概観する。

三十年戦争以降のチェコの歴史を考察するうえでまず重要なのは、一六二〇年のビーラー・ホラの戦い（図1）である。ビーラー・ホラ（bílá hora）とは、チェコ語で「白い山」という意味のプラハ近郊の丘である。この戦いで皇帝軍はチェコのプロテスタント貴族に対して決定的な勝利をおさめ、その結果、二つの重要な変化が生じた。ひとつはプロテスタントを信仰するチェコの貴族が処刑・追放され、代わりに皇帝に忠実なカトリック貴族が領地を支配することになったという社会構造的な変化である。チェコの半分以上の土地で領主が入れ替わり、三万世帯ものプロテスタント系住民が亡命を余儀なくされ、代わりにドイツをはじめとして国外から新しい貴族が大量に流入した。(1) こうした変化を背景としてこの地のドイツ化が加速していくことになる。

もうひとつ重要なのは、この社会構造上の変化の過程で、チェコ系住民が自らの信仰のみならず、彼らの民族性や言語を否定的にとらえる傾向が強まったということ

図1　ビーラー・ホラ（白山）の戦い（1620）

である。石川達夫は十七世紀のチェコの歴史家ボフスラフ・バルビーンの『スラヴの言葉、とりわけチェコ語の擁護』をとりあげ、彼（バルビーン）が異国の言葉と風習に同化して祖国を裏切っている当時のチェコ人貴族を厳しく非難したことを紹介している。(2) 十九世紀のチェコの民族復興運動におけるもっとも重要な歴史家・政治家のひとりであるフランチシェク・パラツキー（一七九八〜一八七六）もまた、『チェコの歴史』（一八三六〜一八六七）で、チェコ人が三十年戦争による前代未聞の大惨事と苦悩の中で民族の四分の三が消え失せた結果、残った四分の一は自分たちの先祖の努力を否定し、十五、十六世紀のチェコの宗教改革の歴史はすべて、後悔し恥じるのがふさわしい迷いであったという見方が優勢であったことを指摘している。「全般的で仮借のない反動が、その時代の生活のあらゆる記念を襲った。その時代から残った著作は危険な毒とされ、そしてそれ故、一世紀以上にわたって探し出されて処分された」。(3) ドイツ化が進んだのはこうした敗者意識にもとづいた心理的傾向が支配的となったからこそであろう。第1章で触れたように、のちにこの時代をチェコ人にとっての「暗黒時代」と位置づけることになったとすれば、それは宗教改革期以来の「異なる価値観」の併存に、「優劣」ないし「主従」という尺度が加わったからではないか。

チェコのドイツ化が進む過程で決定的な役割を果たしたのは、神聖ローマ皇帝ヨーゼフ二世（一七四一〜一七九〇）（図2）による数々の政策である。彼はマリア・テレジアの長男として生まれたが、母の代に慎重に進められたハプスブルク帝国の中央集権化政策を、啓蒙専制君

図2　ヨーゼフ二世

主としてさらに強く、積極的に押し進めていく。彼はまず宗教寛容令（一七八一）を出し、カトリック以外の宗派に対する信仰の自由を許容した。これは帝国内の宗教問題に関するローマ教皇の権限を排除するねらいがあったが、チェコ人たちが過去の宗教改革時代とその伝統を肯定的にとらえる契機となった。

さらに同年の勅令で農奴制を廃し、農村出身者が領主の圧迫から逃れ、自由に移住したり職業を選択したりできるようにした。これによって農民層が都市に流入するなど、チェコの近代化が進んだ。さらに、教育改革を進めて帝国の各地に小学校を普及させ、ドイツ語を教育言語としたため、チェコ語地域におけるドイツ語の普及が促進された。そして一七八四年の言語令により、官庁や高等教育機関で用いる言語をドイツ語に統一するドイツ語公用語化政策がとられた。これらの政策により帝国内の中央集権化が進んだが、同時にチェコ語が公の場で使われる機会が失われていった。チェコ語は話し言葉としては残ったものの、チェコ語を用いて学問を学んだり文学を読んだりする機会は失われていった。こうした状況は十九世紀後半まで続き、チェコ出身のドイツ系哲学者・作家フリッツ・マウトナー（Fritz Mauthner, 一八四九〜一九二三）は自らの青春時代を振り返った自伝『プラハの青春時代』（一九一八）において、自分の生まれた時代より以前は、プラハおよびボヘミアにはドイツ系のギムナジウム（中等教育機関）しかなく、中世ではラテン語が西欧全体であらゆる知の自明の言語であったように、三十年戦争以降のチェコにおいては、ドイツ語が唯一の文化言語となっていたと述べている。「チェコ語は私の青春時代のはじめは［……］田舎言葉として軽蔑されていた。上流階層と称する人々は、自分のスラヴ訛りを恥じていた。［……］大学で学ぼうとする者は誰でも、ドイツ語の助けを借りてしか学問ができないというのが一八四八年までのチェコの状況であった」[4]。自らをチェコ人ととらえる人もまた減っていった。一八四六年の統計によると、プラハの旧市街および新市街で自らをドイツ人として登録している人は六万六〇四六人。一方で自らをチェコ人として登録している人は三万六六八七人に過ぎなかった[5]。

民族復興運動

すでに述べたように、ヨーゼフ二世の政策がチェコ人から公の場でチェコ語を用いる機会を奪い、チェコ人がドイツ化されていく契機となったことは確かである。しかしそれに劣らず重要なのは、彼のドイツ化政策がたとえ中央集権化を促進し、チェコやハンガリーをはじめとする個々の民族固有の文化を抑圧する傾向に働いていたとしても、彼の啓蒙主義的政策を通じてチェコ人が信仰の自由を獲得したり、ドイツ語を通じて行われる教育の自由を手に入れたりしたことが、結果的にチェコ人の民族復興運動の生じる基礎になったということである。

このチェコ民族復興運動は大きく分けて文化的運動と政治的運動との二つからなる。ここでは主に文化的運動を取り上げる。失われたアイデンティティを回復するうえでの「文化」の構築の重要性については、本書でもさまざまな場所で触れることになるが、ここでは文化言語としてのチェコ語の復興、そして民族のよりどころとなる神話や伝説を含めたチェコ史の復興といった側面からこの運動を見ていく。そのきっかけはドイツの哲学者ヨハン・ゴットフリート・ヘルダー（一七四四～一八〇三）による文化相対主義からの影響とされる。ヘルダーは『人類史の哲学理念』（一七九一）の中で「どんな人間であっても固有の尺度というものがある」と述べ、母国語、民族固有の伝統や文化、それにフォークロアのすべてが、各民族のアイデンティティを構築するうえでもっとも重要な要素であると主張した。なかでも民族固有の文化を形成するうえでの言語の重要さをヘルダーは強調しており、その点において多民族国家であるにもかかわらず中央集権化政策のためにドイツ語を強制するヨーゼフ二世の政策には批判的であった。[6] 彼の思想はこれまでドイツ人やドイツ文化に劣等意識をもっていたチェコ人が、自らの固有の伝統や文化に対して自信を取り戻す足がかりとなった。さらにチェコの啓蒙思想家であるヨゼフ・ドブロフスキー（Josef Dobrovský, 一七五三～一八二九）をはじめとするチェコ語復権運動がこれに続いた。ドブロフスキーは『チェコの言語と文学の歴史』（一七九二）を記し、チェコの言語文化とその歴史に関する取材と研究を行った。また次の世代のヨゼフ・ユングマン（Josef Jungmann, 一七七三〜一八四七）がチェコ語で書かれた『チェコ文学史』（一八二五）や五巻本の『チェコ語辞典』（一八三五〜三九）を出版することによって、チェコ語が文法的にも語彙的にも学問用語として成り立つことが主張された。(7) 彼らの学問的成果が、抑圧されたチェコ人の文化的覚醒と発展をうながす契機となったのである。

文化的な運動として次に取り上げたいのは、チェコ人の民族的な自画像を描く神話や伝説の再発見である。白山の戦い以降、チェコ人は自らの言語文化がドイツ語文化の影響で次第に消え去っていく過程で、自らがどこからやって来たのかという存在の根拠となるような神話や伝説を失っていた。ところが十九世紀になると、チェコ語古文書が相次いで「発見」されていく。一八一六年に「ヴィシェフラトの歌」、一八一七年に「ドゥヴール・クラロヴェーの手稿」が発見されると、一八一八年には「ゼレナー・ホラの手稿」（「リブシェの裁判」）、さらに一八一九年には「ヴァーツラフ王の愛の歌」の手稿が古城や教会から見つかるのである。これらの「古文書」は当時のチェコの人々に強く訴えかけた。このうちたとえば「リブシェの裁判」として知られる「ゼレナー・ホラの手稿」は、チェコの建国伝説にまつわるものである。アロイス・イラーセクの『チェコの伝説と歴史』によると、およそ次のとおりである。戦いで荒廃した祖国を捨て、チェフという名の長老に率いられてチェコの地に定住するようになった人々の子孫に、クロクという男がいた。彼は家族とともにヴィシェフラト（高い城）に住み、そこでこの土地を統治した。クロクの死後、三人の娘のうちの末娘で、預言能力をもつリブシェが裁判官に任命された。ある時、彼女は兄弟の相続争いを公平に裁くが、兄の方は女性に裁かれたことに不服を申し立てる。これに傷ついたリブシェは、主権と裁判権を男性の手にゆだねようと、神の力を借り夫となる男を探す。スタヂツェ家のプシェミスルがこれに選ばれ、人民に君主となることを告げる。リブシェはある日、未来のプラハを幻視し、栄光ある未来を予言する。「偉大な都が私には見える。その栄光は天上の星にまで達するであろう。あの森の中、ここから三十ホンの距離の所を、ヴルタヴァ川は囲むように流れている。［……］あなたたちがそこに行くと、森の中で一人の男が、家の敷居のために木を削っているのを見出すであろう。そこに城を建てなさい。そしてその城をプラハと名づけなさい。どのような公も、敷居（プラーフ）に対して頭を下げるように、誰もが私の都に対して頭を下げるであろうから。その都に名誉と称賛が与えられ、その名は世界にあまねく知れわたるであろう」(8)。リブシェの伝説に関しては、ヘルダーの影響を受けたドイツ語圏の作家、たとえばクレメンス・ブレンターノが韻文劇『プラハの創設』（一八一五）で取り上げたり、フランツ・グリルパルツァーもまた戯曲『リブッサ』（一八四八）で取り上げたりしているが、当時は古くから伝わるチェコ語の古文書に書かれたものとして広くチェコの人々に伝わることとなった。しかし、これらの「手稿」はいずれも贋作であることが判明する。すなわちチェコのナショナリストたちが、自らの存在の根拠をチェコ語で記している古文書が実在することによって、ドイツをはじめとするほかのヨーロッパの文化にも劣らないチェコ固有の文化があることを証明したいと思うあまり、手稿を偽造したのである。このことはその後のチェコにおける文化形成にさまざまな意味で大きな影響を及ぼした。

手稿の功罪

ここで「手稿の偽造」がもたらした功罪を確認してみたい。功績としてあげられるのは、過去の神話と民族独立という未来の夢を連結することができた点である。確かにそのアイデンティティの根拠になっているのは、錬金術のごときフィクションとしての伝説である。しかし考えてみればベネディクト・アンダーソンの『想像の共同体』（一九八三）における有名な一節「国民とはイメージとして心に描かれた想像の政治共同体である(9)」を引き合いに出すまでもなく、我々の共同意識を生み出し、また支えているものは多かれ少なかれフィクションではないだろうか。十九世紀後半のチェコ人はこのフィクションに支えられた自らのアイデンティティを堅固なものにすべくさまざまな努力をした。第1章で紹介したヴァーツラフ広場を見下ろすように置かれ

図3　リブシェとプシェミスルの像

た聖ヴァーツラフ像、カレル橋のふもとにあるカール四世像、旧市街広場のヤン・フス像、建国伝説の舞台であるヴィシェフラトに置かれたリブシェとプシェミスル像（図3）など、プラハ市内の各地に置かれた記念像もそうした「物語の共有」の一環である。こうした物語はその後のチェコの芸術家に多大なインスピレーションを与えた。チェコ国民楽派の創始者であるベドルジフ・スメタノ（一八二四〜一八八四）は交響詩『わが祖国』（一八七四〜七九）を筆頭として、オペラ『リブシェ』（一八八一初演）など、チェコの建国伝説をモチーフとした作品を多く残している。またアール・ヌーヴォーを代表する画家アルフォンス・ミュシャ［ムハ］（一八六〇〜一九二九）もまた《スラヴ叙事詩》（一九一〇〜一九二八）を描いたり、プラハの聖ヴィート大聖堂のステンドグラスに聖ヴァーツラフを描くなどしている。イジー・トルンカ（一九一二〜一九六九）は第二次世界大戦後のチェコを代表する人形アニメーション作家だが、やはりチェコの古代伝説を題材とした作品『チェコの古代伝説』（一九五二）を残している。

一方の罪過についてであるが、まずは排外的民族主義を助長した点が挙げられる。当時手稿に熱狂したチェコ人は、自分たちのはるかな過去において既に高度な文化を所有していたという主張によって「偽りの自意識」をもつようになった。その結果、いわゆる「暗黒時代」に世界的な精神の動きから取り残され、地方的なものへと低下していた当時のチェコの精神は、新しいヨーロッパの普遍的な価値と向き合い、そのレベルに追いつかねばならないという課題を手付かずのままにした。[10] つまり偽りの自画像に酔いしれるあまり、古文書を信じない者は民族の敵、というように民族内で内部分裂を生むことになり、結果的に「民族」以外の普遍的な価値観から目をそらすことになったのである。この独我論的な民族意識はチェコの文化・政治両面における後進性を助長することになった。

一八四八年以降、チェコの民族復興運動は文化運動から政治的な運動へと発展していく。その際、文化的運動の問題点をふまえるならば、政治運動の課題とはチェコ・ナショナリズムの狂信的・排他的な面をいかに克服し、民族間の均衡状態を意識しながらいかに自治を獲得するかという点にあるといえよう。しかし結果から述べるならば、オーストリアにおいてハンガリーとともに連邦を形成するパラツキーの「オーストリア・スラヴ主義」のような運動は起こるものの、最後には狂信的・排他的なナショナリズムの大きなうねりの中に飲み込まれていくのである。

ドイツ・ヘゲモニーの崩壊

一八六七年にオーストリア帝国がオーストリア＝ハンガリー二重君主国となった際、皇帝フランツ・ヨーゼフ一世（在位一八四八〜一九一六）による立憲君主制がとられた。オーストリア側とハンガリー側でそれぞれ独自の議会が成立したのだが、とりわけオーストリア側の議会についていえば、複雑な民族構成にもとづいた、極めて不安定な議会運営がつづいた。その過程で支配側のドイツ人自由派の優位が次第に崩れ、チェコ人をはじめとする諸民族の権利が確立されていく。

その過程について、本節では主にチェコの役所で用いられる言語政策の変化を中心に確認しておこう。一八七三年のウィーン万国博覧会直後から数年間続いた不況のあおりを受け、その後それまで帝国議会の多数を占めていたドイツ人自由派中心の内閣が倒れた。その後一八七九年にチェコとも密接なつながりのあるエドゥアルト・ターフェ（Eduard Taaffe, 一八三三〜一八九五）（図4）が教権派やチェコやガリツィア（現在のポーランド南東部とウクライナ西部にあたる地域）の保守層を中心に支持を得て政権についた。チェコ人にとって大きな変化が生じたのは、一八八〇年に制定された言語令である。当時の首相の名を取ってターフェ・シュトレーマイルの言語令と呼ばれる。これはボヘミアとモラヴィアの役所や裁判所では住民との窓口対応に用いる言語（外務語）に限りドイツ語とともにチェコ語も使用してよいと認めたものであり、文化的言語としてのチェコ語が復活するきっかけとなった。この言語令と歩を合わせるように一八八一年、プラハ国民劇場が建設される。チェコ語で上演をするために設立された劇場であり、初演にスメタナのオペラ『リブシェ』が上演され

図4　エドゥアルト・ターフェ

た。その一方でドイツ人のための劇場であるドイツ国立歌劇場が一八八七年に建設される。さらに一八八二年にはプラハ・カレル大学がチェコ部とドイツ部に分割される。このようにこの時代のチェコとりわけプラハの文化状況は、ドイツ語話者とチェコ語話者とで分裂していくのである。

ドイツ人の優位がさらに揺るがされることになったのが一八九七年に施行されたバデーニ言語令である。同年に実施された国会選挙で青年チェコ党が第一党となると、当時のオーストリア首相カジミェシ・フェリクス・バデーニ（Kazimierz Feliks Badeni, 一八四六～一九〇九）はチェコ人の要求をふまえてターフェ言語令を廃し、新たな言語令を出した。それによってボヘミアではドイツ語とチェコ語が各省庁の機関内で用いられる公用語（内務語）となり、結果として関係官庁の職員には二言語の習得と使用が義務化されるなど、ドイツ人にとって非常に不利な政策であった。ドイツ人にとって新たにチェコ語を学ぶことがいかに困難であったかについては、フリッツ・マウトナーの『プラハの青春時代』での回想がここでも参考になるだろう。「チェコの生徒たちはチェコ語とドイツ語の併用にとても馴染んでいたが、私たちはそうではなかった。模範的なドイツ人生徒たちは、ラテン語を書くぐらいにはチェコ語を書けるようになったが、この第二の国語で会話をすることはできなかった。これに反してチェコ人たちはギムナジウムの最終学年になると、それほどひどい間違いもせずにドイツ語の文章を書き上げ、まったくよどみなく正確にドイツ語で自分の意見を述べることができるようになった」[11]。バデーニ言語令は帝国議会でのドイツ人諸党派の強い反対や、ウィーンやグラーツなどオーストリア各地でのドイツ人議員を支持するデモの影響で、短期間に終わった。しかしドイツ人とチェコ人との民族的対立を先鋭化させることになったきっかけとして、ここで取り上げた二つの言語令がおよぼした影響は重要である。

第3章　フランツ・カフカ――疎外と変身

深刻な対立を生む結果となったプラハのチェコ人とドイツ人を取り巻く状況は、二十世紀初頭に活躍した作家の作品にいかに影響したのだろうか。ここからはこれまでの内容をふまえ、プラハで同時代に活躍しつつもそれぞれ異なる言語で執筆活動を行った作家を二人取り上げてみたい。本章ではプラハにおいてドイツ語で作品を執筆した代表的な作家としてフランツ・カフカ（Franz Kafka, 一八八三～一九二四）（図1）の生涯と作品を扱う。

カフカの生涯

まずはカフカの生涯を概観してみよう。カフカが生まれたのは一八八三年のことである。父ヘルマン・カフカ（一八五二～一九三一）はボヘミア南部の貧しい農村出身のユダヤ人である。もともとはチェコ語を母語としていたが、立身出世のためにドイツ語を苦労して身につけ、一八八一年にプラハへやってくる。

図1　フランツ・カフカ

その後、プラハの旧市街広場に面した宮殿の一角に「ヘルマン・カフカ商店」という装身具店を開く。カフカ商店の商標にはカラスの絵が描かれているが、これは「カフカ」というのがチェコ語で「小さいカラス（Kavka）」を意味するからである。十八世紀末にヨーゼフ二世が発した寛容令によってユダヤ人がはじめて姓をもつことになった際、多くのユダヤ人が支配者の言語に合わせてドイツ名を選ぶ中で、カフカの祖先はチェコの民衆的な姓である「カフカ」を選んだ。[1] その一方でヘルマン（Hermann）という名前に着目すると、こちらはむしろ典型的なドイツ系の名前である。フランツ（Franz）も同様である。このことから、少なくともフランツの祖父の時代以降のカフカ家は、チェコ出身でありながら意識上はドイツ人である、またはドイツ人に同化したいという願望をもっていたことが透けて見える。

統計で当時のプラハの人口構成を見てみると、一八八〇年に二五万六千人だったプラハの人口は一九一〇年には四四万二千人と激増している一方で、ドイツ系住民は全体の一五・三％（三万八千人）から七％（三万二千人）へと割合を落としている[2]（図2）。この点からもカフカが生まれた時代以降、プラハが明らかに「スラヴ化」ないしは「チェコ化」していったのが見て取れる。この少数派になったドイツ語話者のうちの大半がユダヤ系住民であったといわれている。ただし、このユダヤ系住民がおしなべて同じ価値観を共有していたわけではない。三谷研爾は十九世紀後半のプラハにおけるドイツ系社会には二つの世代の間のギャップがあったと述べている。カフカをはじめ、マックス・ブロート、フランツ・ヴェルフェルといった

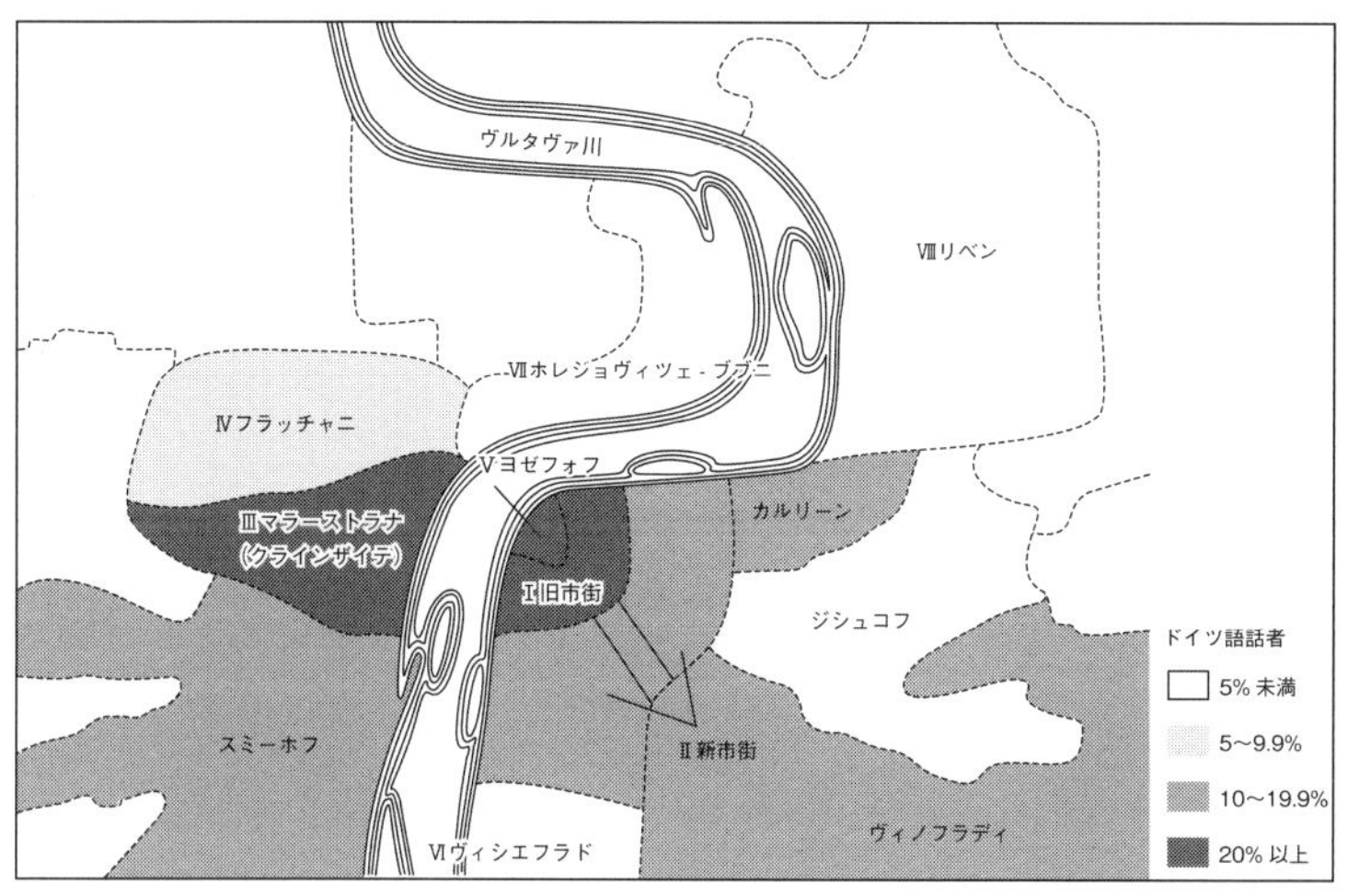

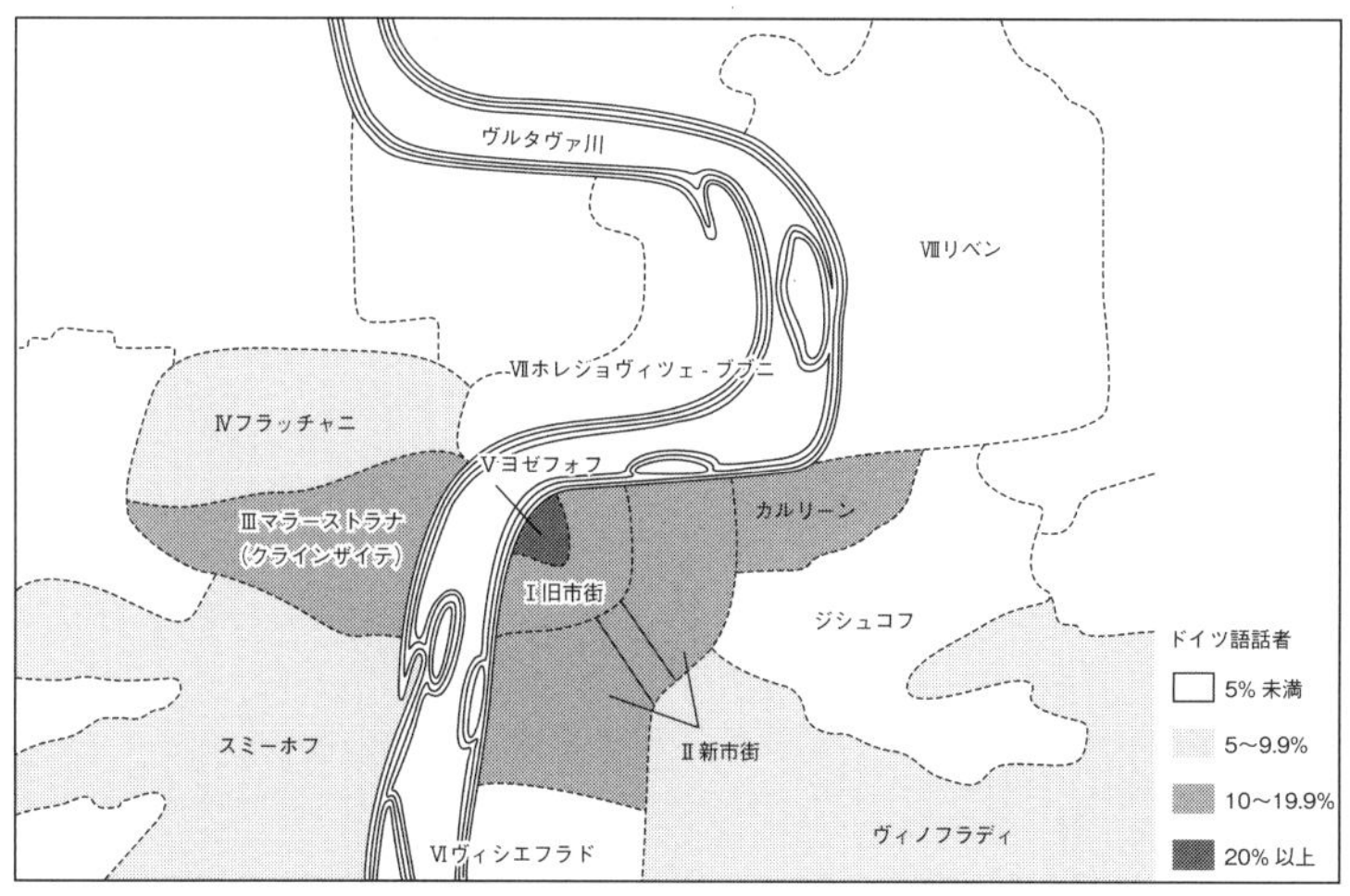

図2　プラハの地区ごとのドイツ語話者の割合
（上が1880年、下が1910年）

「プラハのドイツ文学」の作家の大半が一八八〇年代から一八九〇年代にかけて生まれているが、その父親はおおむね一八五〇年代前後に生まれた世代にあたる。つまり絶頂期のドイツ系ブルジョワの世界観や価値観を信奉していた世代に属する。その一方で息子たちは、「父親の価値観や社会認識が、多民族都市の社会的現実から遊離していく姿を目の当たりにして育った世代(3)」であった。プラハという都市空間において少数派となった彼らドイツ語作家たちは、もっぱら閉鎖的なサークル活動を介してのみ文化的アイデンティティを確認するほかない状況へと追いつめられていたのである。父親世代は、支配者側のドイツ的な価値観に同調し、苦も無くプラハ社会に同化していたが、カフカに代表される息子世代は、プラハにおけるチェコ人のドイツ人に対する反感を肌で感じていた。カフカもまた、父と子という形で表面化した世代間のギャップに終生悩まされることになる。

その後カフカは一八九三年にプラハのドイツ系ギムナジウムに入学し、一九〇一年にはプラハ大学（ドイツ部）に進む。その時カフカはすでに文学に興味をもっていたが、父親の意向で法学を専攻することになる。カフカは法学の勉強の傍ら、ハプスブルク帝国の帝都ウィーンで当時流行していたフーゴー・フォン・ホーフマンスタールをはじめとする唯美主義的な世紀転換期文化の影響を受けつつ創作活動を開始している(4)。カフカは大学を卒業後、一九〇八年に労働者災害保険協会に就職する。彼は病気で倒れるまでずっと働きながら執筆活動を続けていくことになる。ほぼ同じ時期の一九一二年、ドイツ系ユダヤ人女性フェリーツェ・バウアーと出会う。『判決』（一九一三）や『変身』（一九一五）といった代表作はフェリーツェと出会った時代に一気に書き上げられていく。未完に終わったが、長編小説『失踪者（アメリカ）』を書いていたのもこの時期である。その意味で彼女との出会いは、カフカの「書く」という行為に大きな影響を及ぼしていたように思われる。しかし奇妙なことに、フェリーツェとは二度婚約するものの、二度とも婚約を解消してしまう。ところでカフカは数多くの女性と恋愛をした。代表的な女性を挙げておくと、一九一九〜二二年にはチェコ人のジャーナリストで、カフカの作品を初めてチェコ語に翻訳したミレナ・イェセンスカ（彼女はウィーンの有名なカフェ文士エルンスト・ポラクの妻であった）と交際している。死の直前には東方ユダヤ教団の娘ドーラ・ディマントと共同生活を行っている。彼女は咽頭結核を患ったカフカの最期を看取っている。

二重の疎外

ここで同時代の知識人によるカフカ評を確認しておきたい。オーストリアの批評家で、カフカが初めて自作を発表した雑誌『ヒュペーリオン』の編集者であったフランツ・ブライは、カフカが声を立てて笑うのをついぞ見たことがないと述べている。そして、カフカの顔から笑いを奪い取り、微笑という社交場のヴェールにつつんだものは、「形而上的な形における憂鬱」であり、カフカを悩ませたものは「自分のいる状態の根源的な奇妙さ」であったとしている。[5]ブライの表現は少々わかりにくいが、ここでは「三重の疎外」というキーワードでまとめてみたい。つまり、彼が生まれながらにして陥ることとなった「自分のいる状況の根本的な奇妙さ」の背景を、①チェコ人社会、②ドイツ人社会、③ユダヤ人社会と三つの要素に分けて整理し、カフカの「形而上的な形における憂鬱」をそれぞれに対する同化の試みとそれがかなわない疎外感として理解してみたいのである。ちなみに先ほど紹介したカフカの恋人たちのうち、ミレナはユダヤ系の夫をもつチェコ人、フェリーツェはドイツ系ユダヤ人、ドーラは東方ユダヤ人である。異なる出自をもつ彼女たちへの接近と離別は、カフカを取り巻くそれぞれの要素への接近であり、ひとつになれないことへの絶望でもあったといえないだろうか。

ともあれ、まずカフカの①チェコ人社会から受ける疎外感について考察してみよう。カフカはドイツ語で作品を執筆したが、チェコ語もそれなりにできた。家でカフカや妹たちの世話をしていたヴェルネロヴァー嬢が、子どもとはもっぱらチェコ語で会話をしていたからである。また、チェコ人の子どもたちと一緒に遊んだ幼年自体の記憶をミレナへの手紙に書き残したりもしている。ドイツ語の学校しか通ってなかった点を考慮すると、カフカのチェコ語は驚くほど高いレベルにあった。しかしエマヌエル・フリンタによると、そのことがかえってカフカをチェコ人たちから遠ざけることにもなった。「なぜなら、チェコ語を話すドイツ系の生徒に最大の敵意が向けられたからである。言語と民族の点で落第したチェコ人とすぐさまに判断され、そのような裏切り者にはこう突き上げられたのだった。〈教科書を見せてみろよ〉と。教科書がドイツ語で書かれたものであれば、もうお手上げだった。フランツ・カフカはもちろん裏切り者でも、ドイツ人でもなかった。その代わり、非常に幼いころから痛感しなければならなかったのは、自分が招かれざる者であるという意識、そして罪の意識だったのである[6]」。こうした「招かれざる者」という意識は、カフカが労働者災害保険局で働いていたときにもあったようだ。クラウス・ヴァーゲンバッハによると、プラハ労働者災害保険局でカフカは部長代理の一人で、しかも三人のユダヤ人職員の一人で、会社の運営はほぼすべてドイツ系職員の手に握られ、残りの職員のうちの圧倒的多数はチェコ語を話したという[7]。そうした中でカフカは同僚のチェコ人や、保険局に請願に来るチェコ人労働者たちを前にする日々の生活の中で疎外感を感じていたのである。

　同じような疎外感は②ドイツ語話者同士の会話の中でもあった。というのもカフカが暮らしていたプラハはドイツ語圏としてはいわばチェコ語圏の中にぽっかりと浮かんだ言語島であり、そこで用いられるドイツ語は「紙のドイツ語」と揶揄されていたからである。フリッツ・マウトナーは『プラハの青春時代』で次のように述べている。「チェコの土着人口に取り囲まれたボヘミア内部のドイツ人は、紙のドイツ語を話す［……］そこには土から生まれた表現の充溢も欠けているし、さまざまな方言語法の充溢も欠けている。この言葉は貧しい。ここでは方言の充溢とともに方言のメロディーも失われてしまったのだ」[8]。カフカの話すドイツ語は、ほかのドイツ人からすれば異質で語彙に乏しい言語だったのである。同じドイツ語を話す集団にいても彼はすぐさま区別され、最終的にお前はプラハのドイツ系ユダヤ人だな、と特定されるところまで至る。このような意味でドイツ語社会にもうまく溶け込むことができなかったのである。

カフカはさらに③プラハのユダヤ人社会に対しても疎外感を感じていた。これは父との確執という形で示される。カフカは一九一一年にポーランド系のユダヤ人俳優イツハク・レーヴィ（一八八七〜一九四二）と知り合いになる。そしてイディッシュ語という東ヨーロッパのユダヤ人がドイツ語を基に作り上げた合成語で上演される芝居に夢中になる。息子フランツはユダヤ的伝統を色濃く残した東方ユダヤ人による演劇への関心を隠さなかったが、父ヘルマンはそのことを非常に苦々しく感じていた。というのも、息子のユダヤ文化への傾倒は、ドイツ人に同化する過程で風化していった父のユダヤ精神を激しく刺激することになったからである。また、フランツはその後東方ユダヤ人の女性ユーリエ・ヴォリツェクと婚約するが、父ヘルマンはそれを認めなかった。カフカはのちに有名な「父への手紙」（一九一九年、結局投函されなかった）の中で次のように書いている。「あなたから授かったユダヤ教とは、なんというものだったのでしょう！［……］あなたは年に四回だけ教会堂に行きましたが、そこでは信仰を真剣に受け取っている人よりはむしろ無関心派に近かったですし、祈りにしても形式的な儀礼として辛抱強く行っていただけでした。〔……〕あなたはあの小さな、ゲットー風の村の教区から、そのころはまだいくばくかのユダヤ信仰をもってやってきました。〔……〕しかし子どもに引き継がれるにはあまりにも少なく、あなたが手渡そうとしているあいだに、すべてがこぼれ落ちてしまったのです[9]」。ここでカフカはユダヤ精神をおざなりにしていた父を非難しているが、当の父はむしろユダヤ精神に頓着せずに苦も無くプラハ社会に同化している。こうした父の姿はプラハ社会を形成している前世代の人々の姿を代表するものであり、カフカはそんな彼らから疎外感を感じていたのである。

図3　カフカ『変身』の初版本

「書くこと」と「変身」

このように「自分のいる状況の根本的な奇妙さ」の中で三重に疎外されているという「形而上学的な憂鬱」を感じていたカフカが、自らの場所としていかなるときでも確保しようとしていたのが文学の世界であった。ただし、同化の試みをせず、ひたすら「書くこと」で自らを保とうとする息子の態度は、父には決して理解されなかった。興味深いのは、カフカがそうした自らの姿を「虫」になぞらえていることである。「父への手紙」には次のように書かれている。「僕がものを書くということ、そしてそれと関連する、あなたにとって得体の知れぬことに対する嫌悪は、よほど正鵠を射ていました。事実ぼくは、この点では、あなたから少しだけ自立していたのです。それがたとえ虫けら（Wurm）を想い起こさせるにしてもです。腹をふんづけられ、胴の前半分だけが逃げ出し、のたうちまわってページの片隅へ隠れる、あの虫に」[10]。

「ある朝目覚めてみると自分が巨大な毒虫（Ungeziefer）に変身していることに気づいた」、という有名な一節で始まるカフカの『変身』（Die Verwandlung）（図3）は一九一二年ごろに書かれ、紆余曲折をへて一九一五年に発表された。この作品の主人公であるグレーゴル・ザムザは、布地のセールスマンであり、これまで家族の生活を支えていた。しかし虫に変身してしまったことにより家族は稼ぎ手を失ってしまう。その結果それまで働いていなかった父が新たに仕事を見つけたり、家に下宿人を置いたりすることで、それまでの生活もまた変わる。ある晩、妹がヴァイオリンを弾いていると、音楽の音色に引き寄せられてグレーゴルが居間に姿を現す。とんでもない化け物の存在を知った下宿人たちは驚き、即刻解約だと迫る。この事件の過程で、妹がもうこれ以上我慢できないと言い出し、この奇妙な生物を兄と思うことはもう不可能だし、このようなものから解放されなくてはならないと主張する。父に投げつけられたリンゴによって深い傷を負い、長いこと食事をとらずに衰弱したグレーゴルは、苦労して向きを変えて部屋に戻り、そして息を引き取る。残った家族はこれまでの苦労を互いにねぎらう。

カフカの作品はさまざまに読むことが可能だが、ここでは変身した虫をこれまで紹介したプラハをめぐる状況やカフカの生涯をふまえて解釈してみよう。カフカの生まれ育った背景を考慮するならば、人間とはまるで異なる虫に姿を変えた主人公は、チェコ人にもドイツ人にもユダヤ人にも帰属できない、プラハ社会から疎外されたカフカ自身を投影していると解釈できないだろうか。理解不能な虫の声とは、チェコ人、ドイツ人がともに理解し合えないプラハの言語状況を示しているともとれるからである。また、先ほどの「父への手紙」の記述をふまえるならば、毒虫に姿を変えた主人公は「虫けら」、すなわち父に理解されることのないまま文学世界へ逃避したカフカ自身ととることができよう。

興味深いのは、そのように「虫けら（Wurm）」と「毒虫（Ungezieferl）」を結びつけつつ、作品をカフカの生に投影させながらさらに考察を進めてみると、たしかに一方では文学という自分だけの世界に安住することをカフカ自身が切実に望んでいるはずなのに、他方で虫けらのように物陰に息をひそめて書くこと――これは閉鎖的なサークル活動で自らの文化的アイデンティティを確認するほかなかった「プラハのドイツ文学」作家たちの姿でもあった――をカフカ自身が必ずしも望んでいたわけではなかったのではないか、という仮説が導き出されることである。なぜならカフカはこの作品において、虫に変身した兄に対して人間であったときと変わらず親密な感情をもって接していた妹に最終的には断罪される主人公の姿を、自らの手で原稿に書き込んでいるからである。

そもそも『変身』の語り手は、人間が虫という非人間的な存在に変身する異常きわまりない出来事をあたかも日常のように語っている。グレーゴル自身も虫に変身したこと自体に大きな疑問を抱くこともなく、むしろ会社に遅れることを気にしているほどである。淡々と非日常的な情景を描くカフカの文体からは、プラハという複雑きわまりない世界に置かれたカフカ自身の日常をうかがい知ることができよう。しかし、家族のうちでもっとも理解のあったはずの妹がグレーゴルを断罪するきっかけとなった場面だけは様子が異なるのである。妹が居間で下宿人を前にヴァイオリンを演奏しているのを部屋の中でグレーゴルが聴いていると、彼は次のように考え出す。「こんなにも音楽に心がとらえられるというのに、俺は虫けらなんだろうか？」[11] グレーゴルは妹のいるところまで突き進み、妹のスカートの裾をくわえて引っ張り、ヴァイオリンをもって僕の部屋へ来てほしい、と告げようと決心する。「だってその演奏に、ぼくのように報いてくれる聞き手は、ここには誰もいないのだから。来てくれたら、少なくとも自分が生きている限りは、妹をもはや部屋から出さないつもりだった。今はじめて、彼の恐ろしい姿が役立つはずだった」[12]。この場面のグレーゴルは、ほかの誰よりも自分が芸術を理解するという優越感のもと、外見は「毒虫」にほかならないのに内側の自分は「虫けら」ではないと考えている。その一方でこれまでのように自分だけの世界に引きこもって安住するのではなく、自らの恐ろしい外見を意識的に利用してでも妹を自分だけの内側の世界に引き込もうとしている。そんなグレーゴルの姿は掃除をしていない部屋を這いずり回っているせいで埃まみれで、糸屑、髪の毛、食べ物の残りかすなどを、背中や脇腹にくっつけている。まさにこの、自らの信条を純粋に保つことができる自分だけの内面世界に無理やりにでも他者を引き込もうとするグレーゴルのこれまでにない態度の変容ぶりにこそ、妹はグレーゴルのもはや人間とは思えない怪物性を見て取ったのではないだろうか。そしてその怪物性を、ほかならぬ書き手のカフカ自身が強く意識している。「お前と世界との戦いにおいては、世界の側に立て[13]」とはカフカがアフォリズムとして残している言葉だが、カフカはフェリーツェをはじめとする恋人たちを幾度も自分だけの世界に引き込もうとしながら、そのたびに最後の瞬間には自ら身を引いた。微笑という社交上のヴェールに包まれた「形而上学的な憂鬱」もまた、自らの内面世界のひろがりとその限界を静かに見据えるカフカ自身の倫理的なまなざしが生み出したものかもしれない。そうした構図が『変身』から読み取ることができる。

このようないわゆる「変身もの」をカフカはいろいろと書いている。なかでも「家父の心配」(Die Sorge des Hausvaters, 一九一九)という小品では、オドラデク(Odradek)という、チェコ語の**odpadek**(ゴミ、クズ)、**odpadlík**(背教者、離反者、脱落者)に由来するとも、ドイツ語の**Rad**(紡ぎ車)という語を連想させもする、生物とも無生物とも見分けのつかない糸巻きのようなものが登場する。さまざまな種類のもつれた古い糸切れを引きずりながら階段を転げ降りるかと思えば、玄関の間でひっそりたたずんでいたりもするそのさまは、まるで『変身』のグレーゴルのようである。誰の迷惑になるわけでもないが役にも立たず、しかしそれなりに完結しているこの存在を、父が「彼はそもそも死ぬことができるのだろうか」と心配している。なぜなら「死ぬものはすべて、生きているときには、何らかの目標、何らかの仕事を抱えていて、そのために命をすり減らしていった[14]」からだ。

ところでカフカの描く、生きる目標なり意味なりといったものが欠落した、人間とも非人間ともいえないあいまいな存在について、プラハでは既にゴーレムという先例があったことは第1章で確認したとおりである。カフカは一九二二年七月のブロート宛ての手紙の中で「僕自身の方は、生きたことがないのだから生き続けていくことができない。ぼくはずっと粘土のままだった[15]」と述べている。この手紙から、カフカがいわゆる「変身もの」を書く際に、少なくともゴーレムを意識していたとは考えられないだろうか[16]。つまりここで二十世紀のカフカ文学と、十六世紀という数百年昔のプラハを舞台としたゴーレム伝説とのつながりが見いだされるのである。人間以外のものへの着目が、ひとつの時代を生きる歴史的存在である人間をいかにとらえるかというまなざしへと反転する。こうしたまなざしに着目しつつ、プラハにおける民族的な枠組みを超えた文化的な共通性を見てみることも可能だと思われる。この点については次のカレル・チャペックの章でも触れていきたい。

第4章　カレル・チャペック
――ロボットから見た人間
二つの対立の間で

図1　カレル・チャペック

前章では、フランツ・カフカが十九世紀末～二十世紀初頭のプラハというチェコ人が多数を占める都市に少数派のドイツ系ユダヤ人として生まれ育ったことによる「形而上学的な憂鬱」を抱えていたこと、そして父の無理解の中で自らの文学作品を書き続ける自身の姿を非人間的な虫になぞらえていることを確認した。また「家父の心配」では、オドラデクという、生物だか無生物だかわからない、人間なのかそうでないのかわからない存在というものを考えたときに、多少なりともゴーレムを意識していたかもしれないということを指摘した。本章で取り上げるチェコ語作家カレル・チャペック（Karel Čapek, 一八九〇～一九三八）（図1）もまた「ロボット」という外見上は人間でありながら人間とは異なる形象を通じて、二十世紀という「現代の衣を着せたゴーレム」[1]像を提示している。

チャペックは小説家であるだけにとどまらず、ジャーナリスト、脚本家、写真家、画家、哲学者でもあった。子犬との生活をつづった『ダーシェンカ』（一九三三）のような絵本や、『九つのお話し』（邦題『長い長いお医者さんの話』）（一九三一）のような児童向けの物語、『山椒魚戦争』（一九三六）のような近未来を舞台とするSF作品や、『マサリクとの対話』（一九二八／三五）のような政治思想書を世に出しており、これらはいずれも日本語に訳されている。本章ではチャペックがこうした多彩な作品群を生み出しながら、ロボットを描くことによって「人間」をどのように描いたのかについて考えてみたい。

カレル・チャペックは一八九〇年、ボヘミア北東部のマレー・スヴァトニョヴィツェ（Malé Svatoňovice）という山麓の村に、姉ヘレナ、兄ヨゼフに続く三男として生まれた。生後まもなく父アントニーンの仕事の都合で近郊の町ウーピツェ（Úpice）に転居している。レンカ・ロブナーは、この地のさまざまな二元的対立のただなかにチャペックが置かれたことが、彼のその後の相対主義的な世界観の形成に決定的な影響を与えたと指摘している。[2]そのうちのひとつが対称的な父と母の存在である。父は地元の開業医で、身体も大きく力も強かったが、読書家でもあり、姉や兄のみならず幼いカレルにも惜しみなく本を与えた。チェコの民族復興運動を牽引するいわゆる「覚醒の世代[3]」であった父は、人文学から自然科学に至る幅広い知識を備えていた。物事を多面的にとらえるまなざしをもった父の存在は、カレルの憧れでもあり、模範でもあった。その一方で、母ボジェナは病気がちで神経質なところがあった。また、古いチェコの民謡や童話を集めることに執着するあまり、家庭を顧みないところがあった。カレルに対しては若干常軌を逸するほどの強い愛情を傾けた[4]。理知的な父と感情的な母との間で育ったカレルは、どちらかの側に立つのではなく、「どちらの側にもそれぞれなりの正しさがある[5]」と受け入れるものの見方を身につけたとされている。

また、カレルが幼年期を過ごしたドイツと

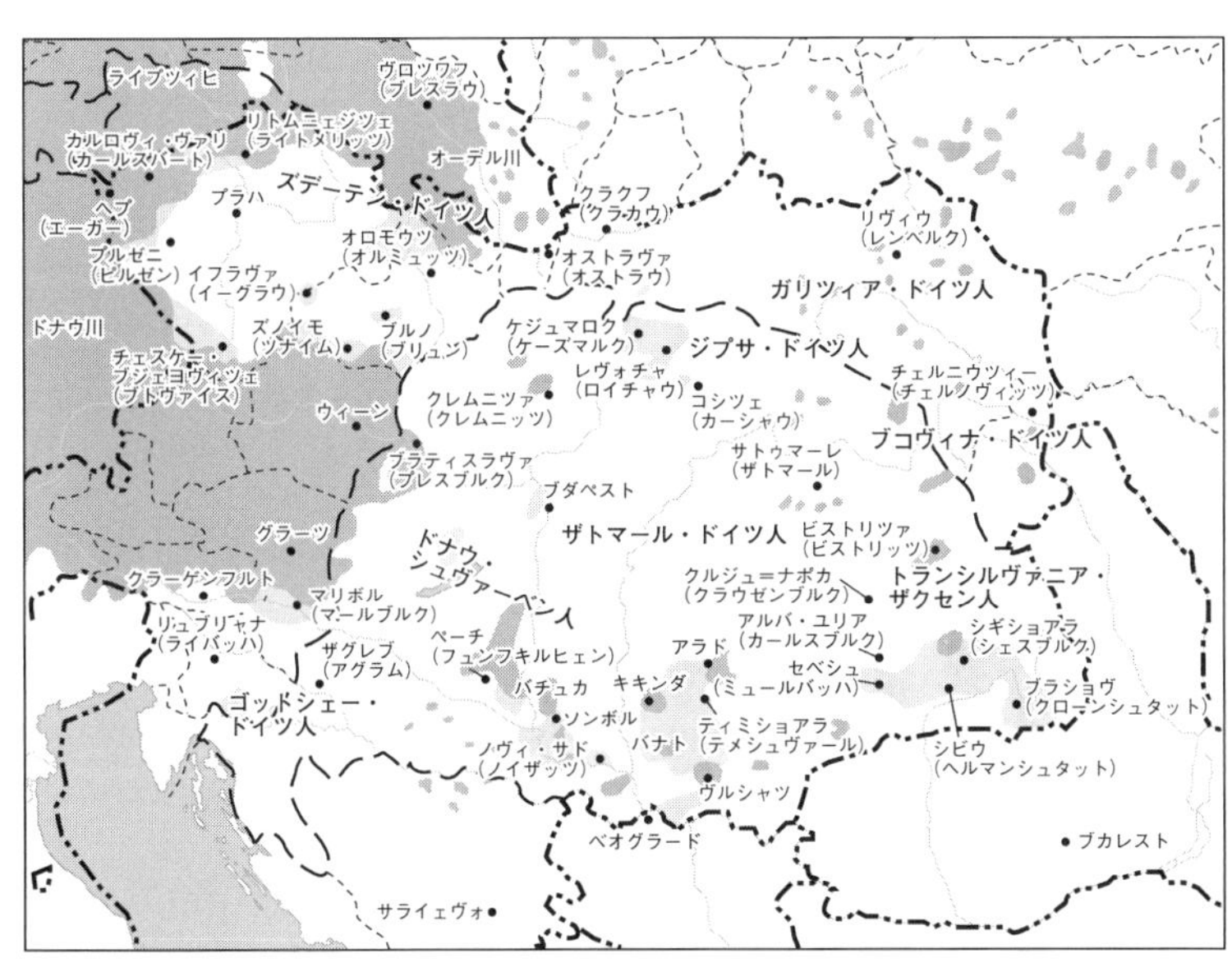

図2　中東欧におけるドイツ系住民の分布（1900頃）

の国境に近いボヘミア北東部は、ズデーテン地方[6]とも呼ばれ、歴史的にドイツ人が多く居住する地域であった（図2）。チャペックはエッセイ「イラーセクの地」（一九三〇）で、ドイツ系住民とチェコ系住民が隣り合って生活しつつも、ジグザグに走る言語の境界線が「まるでこの世界の果て[7]」であるかのように両者をへだてている様子を伝えている。第2章でふれたように、オーストリア＝ハンガリー君主国では一八八〇年にターフェ内閣、一八九七年にはバデーニ内閣による言語令が出されたことにより、ドイツ系住民とチェコ系住民の間の緊張は高まっていた。カレルの姉ヘレナ・チャプコヴァーは『私の愛しい弟たち』（Moji milí bratři, 一九六二）の中で、カレルがギムナジウムに通うためにドイツ系市民が多く居住していた工業都市ブルノ（ドイツ語名ブリュン）のヘレナの家に下宿していた当時、姉とともに人目を忍んでドイツ語の貸本屋を利用していた様子を伝えているが、それはブルノのチェコ系市民にとってドイツ語の本を読むことが「タブー[8]」であったからである。いわゆる「ズデーテン・ドイツ人」が多く暮らしていたボヘミア北東部は、カレルの死の直前の一九三八年、ナチス＝ドイツの「生存圏[9]」としてチェコスロヴァキアから切り離され、ドイツに割譲される。第二次世界大戦後にはチェコスロヴァキア領に復帰するも、当地に生活していた数百万ものドイツ人は追放され、幾世紀にもわたって形成されてきた多民族共存の歴史は失われていくことになる。

　ロブナーはさらに、チャペックの属する世代は、二つの世代の異なる価値観、すなわち十九世紀末の退廃的で審美主義的な価値観と、第一次世界大戦後の左翼的でアバンギャルドな価値観の間にはさまれていた、と述べている。この二つの世代に属する芸術家はいずれも自らかかげる新たな信条の「絶対的でいわば宗教的な真理[10]」を追究することに熱心であったが、チャペックの世代はむしろ価値の複数性や相対主義を尊重する必要性を感じていた。「構築しては妥協を繰り返す状況の悪徳に身をゆだねること。〔……〕地に足のついたリアリズムを洗練させること[11]」とチャペックは自らの世代の特徴を描写している。

図3　チャペック一家（ウーピツェの庭にて）
前列左が祖母ヘレナ・ノヴォトナー。後列左からカレル、兄ヨゼフ、姉ヘレナ

普遍性をめぐって

チャペック家において、父と母のほかにカレルに大きな影響を及ぼしたのが、祖母ヘレナ・ノヴォトナー（図3）の存在であった。一九〇〇年に母方の祖父の死をきっかけに共同生活が始まった。一九〇七年、カレルが十七歳のときに一家がプラハに転居したときも、祖母との生活は続いた。カレルは敬虔で賢く陽気なこの祖母からチェコ語の

民謡やことわざや慣用句などの豊かな表現を学んだといわれている。カレルにとって祖母はチェコの民族精神や言語の体現者であった。「私が自らの言語でものを書き、仕事をすればするほど、自分がありとあらゆることを祖母から受け取り、学んできたこと、今日でもなお学び続けていることに気づかされる[12]」とカレルは述べている。

とはいえ、カレル・チャペックの作家としての背景はチェコ語文化だけにあるわけではない。ギムナジウム時代にドイツ語の本に親しんでいたことはすでに触れたが、一九〇九年にプラハのカレル大学に入学すると、学業のために当時家族のもとを離れていた三歳年上の兄ヨゼフの後を追うようにベルリンとパリの大学に留学する。チャペックは翻訳家としても知られており、ヴェルレーヌ、フランシス・ジャム、シャルル・ヴィルドラック、ギョーム・アポリネールといったフランス語作家の詩をチェコ語に訳すことで、ヴィーチェスラフ・ネズヴァルらのちのチェコにおける前衛作家の活動の基礎を築いた。そして博士論文『プラグマティズムあるいは実践的生活の哲学』(一九一八)では新カント主義のハンス・ファイヒンガー(「かのように」哲学)のほか、ジョン・デューイ、ウィリアム・ジェイムズらアングロサクソン系のプラグマティズムの系譜を追うことで、真理を追究する従来の知の独断(ドグマ)性を批判している。このようにチャペックはたえず自らの背景にある知的世界を異なる価値体系によって相対化しつつ、知の多元性の中でも変わることのない普遍的なものを追求していることがわかる。

カレルが兄ヨゼフとともにチャペック兄弟としてデビューした一九一六年にはすでに第一次世界大戦が勃発していた。ふたりはオーストリア＝ハンガリー統治下に唯一チェコ語での刊行が許可されていた⒀『国民新聞（ナードロニー・リスティー）』に記事を書いていたが、次第にこの新聞が急進的なナショナリズムを支持していることに違和感を覚え始める。一九一八年にオーストリア＝ハンガリーから独立することによって成立したチェコスロヴァキアは、チェコ人のほかにズデーテン地方をはじめとする各地にドイツ人が暮らしており、ほかにもハンガリー人、ポーランド人、ウクライナ人、ユダヤ人などが生活する多民族国家であった。にもかかわらず急進的なナショナリズムはチェコ人以外の民族を排除しようとする。チェコスロヴァキア初代大統領となったトマーシュ・マサリク（Tomáš Garrigue Masaryk, 一八五〇～一九三七）はチャペックとの対話の中で、自国には相当数の少数民族がおり、そのため政治的組織としての国家と文化的組織としての民族の違いを意識しなければならないと述べている。「もちろん両者は矛盾してはなりません。［……］我々が共に暮らしている少数民族の人々が、我々の民主主義的共和国の理念に賛同してくれるようにすることが、我々の課題です。［……］少数民族への態度は、オーストリア＝ハンガリー帝国時代の我々自身の経験によって、実践的に規定されています。即ち、我々が自分にされたくなかったことは、ほかの人々にもしない、ということです⒁」。チャペックもまた、『国民新聞』に掲載された「新聞と学問」という記事の中で、民族の自由を求めるナショナリズムに一定の理解を示しつつも、「民族の戦いは自己中心的ではなく、〈世界的な〉戦い」であり、単にチェコ人だけの問題ではなく「全人類、あらゆる種類の人々の生命にかかわる普遍的な問題」として行動すべきだと主張している。その後チャペック兄弟は、マサリクの民族協調路線を批判する『国民新聞』の方針に反対し、そののち退職している。

『R. U. R.』――〈ユニヴァーサルな〉ロボット

チャペックの戯曲『R. U. R.』（一九二〇）は急進的なナショナリズムがチェコスロヴァキアのみならずドイツをはじめとするヨーロッパのさまざまな地域で猛威をふるっていた時代に書かれた。この戯曲は兄ヨゼフの提案によって「ロボット」という語（古チェコ語で賦役を意味するrobotaに由来）がはじめて用いられ、世に広まった作品として知られている。一般的にはただ「ロボット」と呼ばれることが多いが、正確には「ロッサムのユニヴァーサル・ロボット」（Rossum's Universal Robot）の略で、序幕のある三幕のドラマである。一九二一年にチャペックが少年時代を過ごしたフラデツ・クラーロヴェー（ドイツ語名ケーニヒグレーツ）で初演された。

序幕では、ロッサム社のロボット工場のある孤島に人権同盟会長の娘ヘレナがやってくる。彼女は社長のドミンに対し、見た目は人間と変わらぬ労働用ロボットに、人間と変わらぬ心と権利を授けてほしいと頼む。確かにここで生産される労働用ロボットは人間そっくりで、ヘレナには人間とロボットとの区別がつかないほどである。しかしこの時点のロボットは痛みを知らず、自分で考える心ももたない。もちろん生殖機能もない。壊れたり経年劣化したりすればただ廃棄されるだけである。ドミンは彼らロボットに労働のすべてを任せることによって、人間がかつての楽園状態に戻れるようにと願っている。それゆえドミンはヘレナの子どもじみた願いを退けるが、彼女の美しさに抗いようもなく惹かれ、求婚する。第一幕は序幕から十年が経過し、ヘレナとドミンは結婚している。労働をすべてロボットにまかせた人間からは、子どもが一人も生まれなくなっていた。一方、愛しいヘレナの願いを聞き入れたガル博士によってより人間に近い機能（痛みと心）を与えられたロボットは、労働をしなくなった人類よりも自分たちの方が優れた存在であると認識し、集団を組織して暴動を起こし始め、働かなくなった人類の絶滅を宣言する。第二幕になると、ロボットによる人類の殺戮が行われる。残された手段はロッサムの人工生命製造の秘伝書でロボットたちと取引することだった。ロボット自身、人間が製造をしなくなったことによって近い将来滅びることになるからである。しかし秘伝書は「子どもが産まれなくなったのは、ロボットに頼るようになったからだ」と思いつめたヘレナの手によってすでに燃やされていた。最終的にロボットによる殺戮行為はドミンらにも及び、人類はロッサム社の建設主任アルクビストひとりを残して絶滅する。

ここまでが序幕から第二幕までのあらすじであるが、ここでひとまず第1章で取り上げたプラハのゴーレム伝説や、第2章で確認した二十世紀のチェコおよびドイツ人との歴史をふまえつつ作品を解釈してみよう。まずゴーレム伝説との関連であるが、第1章で述べたようにゴーレムが伝説として形を成す過程で、土くれの人造人間に「物言わぬ従順な召使い」と「危険な破壊者」という相反するイメージが付与された。チャペックのロボットも序幕でこそ社長ドミンの狙いどおりに人間の労働力を肩代わりする従順な存在として描かれるが、第一幕になると、ドミンの意図に反し労働をしない人間に反旗を翻すという、それまでと相反した行動をとることになる。

興味深いのは、ゴーレム伝説になぞらえつつ描かれるロボットの暴走について、チャペックが作中で登場人物（ロッサム社のブスマン営業部長）のセリフを借りながら「需要の雪崩」[15]という表現を用いていることである。そもそもロボット製造は哲学者で研究者でもあった老ロッサムの個人的な興味からはじまった。それを甥の若いロッサム技師が生産コストを抑えつつ大量生産できるようにした。そこにさらに利益配当をもくろむ株主たちの意向や、人類を労働から解放させるというドミンの理念が加わってロボットが全世界に広まったわけであるが、ブスマンは個人のそれぞれの興味ないし利害が需要という推進力を得て雪だるま式に膨れ上がった結果、自らの重さで動き出し、もはやそれは個々人の理念という「おしゃべり」[16]では雪崩の方向をコントロールできないくらいにまで速いスピードで走りだしてしまったのだと説明している。こうした雪崩現象は、十九世紀におけるチェコ語の復権をめざす文化的活動が次第に政治色を帯びて急進化していくことになった、チェコの民族復興運動の経過を彷彿とさせないだろうか。それと同時にこうした「需要の雪崩」は、その後のファシズムや現代におけるポピュリズムの台頭を予言するかのようでもある。その意味でチャペックの表現はあらゆる時代の人間の活動の本質を突くような普遍性をもっている。

この観点からの考察を進めてみると、チャペックが作品のタイトル『R. U. R.』になぜ「U」、すなわち「ユニヴァーサル（普遍的な）」という言葉を挿入したのかが気になってくる。もちろん大量生産が可能で、あらゆる場面に対応する「ユニヴァーサル・デザイン」という意味での「U」なのだが、興味深いのは、第一幕でロボットの反乱を察知したドミンが、まさにその混乱のただなかにあえて「ユニヴァーサルではない」ロボットを大量生産しようとしていることである。それはひとつひとつの国ごとの工場で生産される、皮膚の色が違い、違った毛をもち、違った言葉を話す「民族固有の」[17]ロボットである。一体一体のロボットにそれぞれ民族や言語といった異なる帰属意識をもたせ、「椰子の実のような空っぽのおつむに、組織だの同胞愛とかを吹き込めば」[18]、お互いにまるで石のように無関係になり、もう永遠に理解し合えずに憎み合うであろう、というドミンの計画をテクストに書き込むことで、チャペックはこれまで互いの些細な違いにこだわって繰り返してきた人類の争いの歴史を俯瞰的に眺めつつ揶揄している。しかし民族固有のロボットを生産しようとするドミンのもくろみは実現しない。この時点で無限に増殖した世界中のユニヴァーサル・ロボットがすでに結集し、すべての人類を民族や言語の区別なく絶滅させるからである。

「生命」への祈り

さて、『R. U. R.』を第二幕まで見てきたが、第三幕はどうなっているのだろうか。第三幕は第二幕までと異なり、人類を救いようのない出口に追いやるというよりは、何らかの救いを見出そうとしている。ユニヴァーサル・ロボットが人類全体を壊滅目前にまで追い込むことで否応なく浮かび上がってくる、すべての区別を超えてあまねく存在する人間の「生命」という普遍的なテーマこそ、チャペックが『R. U. R.』全体で提示しようとしたことである。この点を前章のカフカと比較しつつ考察してみよう。

第三幕では、秘伝書が失われた結果、ロボットもまた絶滅の危機に直面する。最後の手段は唯一生き残った人間であるアルクビストにロボットを解剖させ、人工生命の謎を解明することだった。そこにプリムスとヘレナ（ロボット）が現れる。二年前にガル博士によって生産され、その過程で痛みと心を与えられたこの二体のロボットは、ほかの狂暴に変貌したユニヴァーサル・ロボットたちとは異なり、労働をまるでしようともせず、花の美しさを眺めたりするばかりの、役立たずのロボットである。この二体のロボットの存在は、カフカの「虫」

や「オドラデク」のモチーフと比較すると面白い。労働せずただ美的なものに従事する存在が、カフカにおいては父親の視点を経由しつつ非人間的なものとして規定されていた一方で、チャペックにおいては花の美しさに目を奪われ、労働もせず役に立たないことが非ロボット的であり、むしろ人間らしさを際立たせている。

　同じくガル博士に痛みと心を与えられたロボットのダモンが自分の腹を裂かれることを拒否したため、アルクビストはしかたなく人間のヘレナによく似た美しいロボットのヘレナの腹を切ろうとする。するとプリムスが抵抗する。プリムスを切ろうとすると、今度はヘレナが抵抗する。なぜなら二人は互いを失うことで痛む心を持ち合わせているからである。二人のどちらも殺させないぞ、と叫ぶプリムスに対し、アルクビストがなぜと問う。するとプリムスは「——僕たち——ぼくたちは——一体なんだから」と答える。それを聞いたアルクビストは次のように言って二人を去らせる。「行きな、アダム。行きな、エヴァ。彼の妻になるがいい、プリムス、彼女の夫になるがいい。」アルクビストはロボットの間にこれまで存在しなかった愛がここに生まれたことを感じるのである。そしてその愛こそがたとえ人間が滅びたとしてもなによりも不可欠なものを生み出すと説く。それは生命それ自体である。「仲間よ、ヘレナよ、生命は不滅なのだ！」とアルクビストは叫ぶ。「それはふたたび愛から始まり、裸のちっぽけなものから始まる。それは砂漠に根を下ろし、我々には何の役にも立たない。それなのに生命は亡びないのだ。ただわれわれだけが亡んだのだ。家々や機械はくずれ落ち、世界の体制は壊れ、偉大な人々の名は木の葉のように落ちていく。ただお前、愛よ、お前だけが廃墟で花を咲かせ、生命の小さな種を風に任せるのだ」[19]。生命は滅びない。たとえ人間が滅びたとしても。人間であるアルクビストは人類が絶滅を迎えるまさにその瞬間に、ロボットであるプリムスとヘレナをアダムとエヴァになぞらえ、彼らに「生命」を託すのである。

このように考えると、チャペックの『R. U. R.』という非人間的なロボットが登場する作品は、人類がこれまで受け継いできた尊い生命を失うことのないようにと願う祈りにも似たものを感じさせる。ところでカフカもまた文学ないしは「書くこと」に祈りに似たものを込めている[20]。しかしチャペックがカフカと異なるのは、カフカが自分の内面にある人間らしさを守ろうとするために書き続けるのに対して、チャペックの場合は自らを取り巻く人間への尽きせぬ信頼に貫かれているところではあるまいか。こうしたチャペックのヒューマニズムは、やはり人間ではない子犬を主人公とした絵本『ダーシェンカ』からも読み取れる。「人間について」と題された文章の中で、チャペック本人とおぼしき語り手はやがて成犬になるであろう小さな子犬ダーシェンカ（図4）に向かって語りかける。たしかに犬同士で遊んで楽しく愉快になることもあるだろう、それはお前の血がそうさせるのだ。けれどもうちにいるんだ、という気持ちになれるのは、人間といるときだけだ。なぜなら人間とお前を結んでいるものは、「血よりもずっと不思議でやさしい何か」[21]なのだ、と。その何かについて語り手はためらわずに答えている。それは「信頼と愛」[22]である、と。

図4　ダーシェンカとチャペック

第2部
ユダヤ人と同化の問題

第1章　ウィーンのユダヤ人――三つのカテゴリー

世紀末ウィーンとユダヤ人

第2部では都市をウィーンに移し、十九世紀末から二十世紀初頭のウィーンにおけるユダヤ人と同化の問題について取り上げる。第1部でチェコの歴史を紐解いたのと同様、十九世紀に進んだユダヤ人のドイツ化の過程と、その結果生み出された文化を、歴史をたどりつつ考察する。チェコ人の場合は「ドイツ化」が進んだ時代が存在しつつも、時代の変化とともに民族としてのアイデンティティに目覚め、ドイツ文化から、ひいてはハプスブルク帝国から離反しようとするナショナリズム的な傾向が強まっていった。一方、ユダヤ人の場合は、シオニズムのような運動が起こる一方で、ますます苛烈になっていく反ユダヤ主義の嵐の中で多民族国家としてのハプスブルク帝国にノスタルジックな幻想を覚えたり、民族や言語の垣根を超えた思想が生まれたりする。なかでも知識人を中心に提示されるコスモポリタン（世界市民）的な思想は、中欧文化を考察する上で重要な要素を担っている。このような思想が生まれた背景を歴史や芸術作品から探ってみたい。

　ウィーンには、十九世紀半ばごろからユダヤ人が帝国各地から大量に流入し、人口のかなりの割合を占めるようになっていく。マーシャ・ローゼンブリットがまとめた統計によると、十九世紀半ば（一八五七）のウィーンの人口は二八万四九九九人、登録されているユダヤ人の数は六二一七人で全体のわずか二・二％に過ぎなかった。ところが、ウィーンの市壁が撤去され、インフラや住宅環境が整備されて都市化が進んだ十九世紀末（一八九〇）になると、ウィーン中心の人口は一三六万四五四八人にまで増え、ユダヤ人も一一万八四九五人と全体の一割近い八・七％を占めるまでになる。[1]W・M・ジョンストンは「オーストリアの文化を研究していくと、どうしてもユダヤ人問題につき当たり、そこに目をつぶっては先に進むことができなくなる」[2]と述べ、この時代にウィーンで活躍した代表的なユダヤ系知識人として精神分析のジグムント・フロイト、現象学のエトムント・フッサール、法学者のハンス・ケルゼン、哲学者のルートヴィヒ・ヴィトゲンシュタイン、作曲家・指揮者のグスタフ・マーラー、文学ではアルトゥル・シュニッツラー、カール・クラウス、ヨーゼフ・ロートなどの名を挙げている。スティーブン・ベラーはさらに直接ユダヤ人の名前が挙がることの少ない絵画の分野（この時代ではグスタフ・クリムトやエゴン・シーレらが知られている）や建築の分野（オットー・ヴァーグナーやアドルフ・ロースらが有名）においても、たとえば彼らの活動拠点のひとつであったウィーン分離派に金銭的援助を行うといった形でユダヤ人が活動を後押ししていた点を指摘している。[3]ベラーが繰り返し強調しているように、一九〇〇年前後のウィーン文化はさまざまな伝統や社会的背景の複合的産物であり、けっしてユダヤ人だけのものではない。(4)そのことをふまえたとしても、ユダヤ人が世紀末ウィーンで生じた新しい文化的潮流の中核をなしていたことは疑いない。

とはいえ、ウィーンのユダヤ人をひとまとめにすることはできない。同じユダヤ人でも厳しい戒律を守ってユダヤ的伝統を色濃く残している人もいれば、伝統を捨てカトリック世界に完全に同化している人もいた。また銀行家のように経済的に大成功を収めて貴族化した人もいれば、劣悪な環境で貧困にあえいでいる人もいるなど、相当の階層分化が進んでいた。そこで本章では中世以来のウィーンの歴史とユダヤ人との関係を概観しつつ、世紀転換期のユダヤ人を、①古くからウィーンに定住し、特権的な地位を確立してウィーン社会に完全に同化した宮廷ユダヤ人の子孫、②十九世紀半ばにハンガリーやボヘミア、モラヴィア地方から移住したユダヤ人、③十九世紀末にガリツィアやブコヴィナなどからやって来た東方ユダヤ人、という三つのカテゴリーに区別して考察してみたい。(5)

宮廷ユダヤ人

ユダヤ人はローマ時代にはすでにウィーンに入植していたとされるが、はっきりとした記録はない。はじめて記録にあらわれたのは九〇六年、ドナウ川流域の交易商人としての記述が残っている。その後一一九四年にシュロモという男がバーベンベルク家のオーストリア公レオポルト五世の命を受けて貨幣鋳造を行うようになったことが知られている。彼は家族とともにウィーンに住み、最初のユダヤ人居住区を形成することになる。ウィーンの旧市街の中心に位置するこの場所は現在でもユーデンプラッツ（ユダヤ人広場）（図1）と呼ばれており、かつてはユダヤ教の教会堂であるシナゴーグが建てられていた[6]。

十三世紀末にはドナウ川流域におけるユダヤ人居住区の規模は目に見えて拡大していた[7]。彼らは商業や金融業で得た富ゆえに時の権力者からは保護を受けていたが、異なる戒律や習慣をもつがゆえにキリスト教会からは空間的な隔離が要求された。その結果、ユーデンプラッツを中心にユダヤ人街（ゲットー）が形成されていくことになる。一四二〇年には十字軍を指揮していたハプスブルク家のオーストリア公アルブレヒト五世（のちの神聖ローマ皇帝アルブレヒト二世）がそれまでのユダヤ人保護政策を撤回し、ウィーンで最初の大規模なユダヤ人迫害を行う。彼はユーデンプラッツのシナゴーグを破壊し、改宗を迫ったうえで、それ

図1　ユーデンプラッツ。奥に見える四角い建造物はホロコースト記念碑、手前にはレッシング像

を拒む数百人ものユダヤ人を火刑に処した。こうした迫害はその後も繰り返された。ただしすべての時代に一様に行われたわけではない。たとえば第1部で紹介したルドルフ二世のようにユダヤ人に対して寛容な皇帝や、ウィーン在住のユダヤ人商人に特権を与えて宮廷御用達にする皇帝もおり、ユダヤ人は時の権力者に翻弄されながらつかのまの繁栄と迫害による離散を繰り返すこととなる。一六二五年になると、三十年戦争を引き起こした皇帝として知られる神聖ローマ皇帝フェルディナント二世（一五七八〜一六三七）によって、ウィーン市内の全ユダヤ人がウンテラー・ヴェルト（Unterer Werd）と呼ばれるウィーンの市壁外へと強制移住させられる。ここは現在のウィーン第二区にあたるが、この場所が新たにウィーンのユダヤ人ゲットーを形成していくことになる。さらに一六七〇年、皇帝レオポルト一世は一三二世帯、三千人ものユダヤ人(8)の完全追放を決め、ゲットー排除後、その地にあったシナゴーグをカトリック教会に改築するなどキリスト教化を進めた。それ以降この地はレオポルトシュタットと呼ばれるようになる。

こうしたユダヤ人完全排斥のさなかでも、宮廷御用達のユダヤ商人はウィーンにとどまることが許されていた。というのも、彼らの存在なくしてはもはや国家の財政を維持することは困難になっていたからである。例えばオスマン帝国による一六八三年の第二次ウィーン包囲の際も、ハプスブルク家は防衛費に困窮していたため、ユダヤ商人ザムエル・オッペンハイマー（一六三〇〜一七〇三）が財政援助をしている。彼は皇帝軍の財政を一任され、自由に宮廷を出入りできるようになる。こうした特権を得たユダヤ人は、その後も銀行家ザムゾン・ヴェルトハイマー（一六五八〜一七四二）のように国家の財政を左右するほどの資産を背景にウィーン社会に定着することになる。彼らは多額の税金を納めることでウィーン市内の自由な居住権を得ていた。こうした宮廷ユダヤ人（Hofjuden）[9]は、貴族化するなどの特権を享受し、いわゆる「金持ユダヤ人」のイメージを人々に植え付けることになる。ザロモン・マイアー・フォン・ロートシルト（一七七四〜一八五五）（オーストリアにおけるロスチャイルド財閥の創始者）はその典型であろう。

世紀末ウィーンを代表する作家で、「若きウィーン」と呼ばれる文学グループの中心的存在であったフーゴー・フォン・ホーフマンスタール（Hugo von Hofmannsthal, 一八七四〜一九二九）（図2）は有力な銀行家の息子であったが、曾祖父にあたるイサーク・レーヴ・ホーフマンは絹織物業で大成功を収めたユダヤ人であった。その功績によって一八三五年に世襲貴族に列せられ、フォン・ホーフマンスタールを名乗るようになる。その資産を受け継いだ祖父はイタリア人でキリスト教徒であった妻との結婚を機にカトリックに改宗する。銀行家の父

図2
フーゴー・フォン・ホーフマンスタール

も母もカトリック教徒であり、オーストリアの上流階級にふさわしい家庭環境の中で生活していた作家ホーフマンスタールは、それゆえ自らのうちにユダヤの血が流れていることをほとんど意識せずに育ったといわれている。とはいえアルトゥル・シュニッツラーが述べているように、「とりわけ世間に知られているユダヤ人には自分がユダヤ人であることを無視することは不可能だった」[10]。見分けがつかないまでにウィーン社会に同化していてるように見えても、彼らは「同化しているという事実を常に意識し、それを維持するために多大な注意を払っていた」[11]のである。

同化

貴族層への同化は、オーストリアのユダヤ人のうちごく限られた数にすぎなかった[12]。また十九世紀前半のメッテルニヒ体制の下でウィーンに特別に居住することを許可されたユダヤ人は一九七世帯、ウィーンの総人口の〇・四%にすぎなかった[13]。その後十九世紀末から二〇世紀前半におけるウィーンのユダヤ人の多数を占めていたのは、十九世紀半ば以降に帝国各地からウィーンに移住してきたユダヤ人であった。きっかけとなったのは第1部でも触れた神聖ローマ皇帝ヨーゼフ二世（一七四一～一七九〇）の数々の政策である。彼は一七八二年にユダヤ教徒に対する寛容令を出し、ユダヤ人の自由な居住権を認めた。外出の制限も解かれ、キリスト教徒のいる飲食店に出入りすることも可能になった。さらに学校の開設が奨励されたり、ユダヤ人を家畜と同列視する屈辱的な人頭税が廃止されたりするなどの劇的な変化があった[14]。こうした数々の政策のひとつにドイツ語の公用語化があった。ユダヤ人は宗教的行事や商取引など一切の書類をドイツ語で読み書きしなければならなくなり、ヘブライ語やイディッシュ語から次第に離れていった。ヨーゼフ二世の改革は、ユダヤ人にさまざまな自由をもたらしながらも、同時に彼らのユダヤ人としてのアイデンティティを確認するよすがとなる「民族および宗教文化[15]」に壊滅的な打撃を与えかねなかった。それゆえ帝国東部のユダヤ人はこの社会的変化に強く抵抗したが、ドイツ周辺のユダヤ人は自らの社会の孤立した現状から脱却するためにこの変化に適応し、かたくなに守ってきた伝統的形式を捨ててキリスト教的ヨーロッパ文化に同化していった。ドイツのモーゼス・メンデルスゾーンによる改革運動や、ハスカラと呼ばれる啓蒙主義運動は、こうした変化の過程で生じた運動として位置づけられる。

ヨーゼフ二世の改革ではユダヤ人に市民権は与えられなかった。土地の所有も、ユダヤ教区の設置やシナゴーグの建設も認められず、ウィーン滞在にも許可証が必要とされるなど、この時点での自由は限定的なものだった。ヨーゼフ二世の死後には、ユダヤ人に対する寛容政策そのものが後退した。そのため諸民族の春と呼ばれる一八四八年の三月革命では、オーストリアのユダヤ人もまた市民権などの完全な同権を求める運動を起こすが、革命とともにユダヤ人のデモも鎮圧された。ただし同年ユダヤ人に寛容なフランツ・ヨーゼフ一世が即位すると、ユダヤ人の権利をめぐる状況は段階的に変化し始める[16]。三月革命以前にも滞在許可をもたずにウィーンに移り住むユダヤ人の数は増加していたが[17]、一八六七年にオーストリア＝ハンガリー二重君主国が成立すると、十二月憲法によりユダヤ人を含む全国民の法の下での完全な同権が確立し、自由な居住権を得ることになった。その結果、より豊かな生活を求めてウィーンに移住するユダヤ人が劇的に増加した。特に一八五〇年代から六〇年代にかけて増加したのが、現在のチェコにあたるボヘミアやモラヴィア周辺からウィーンに移り住んだユダヤ人である[18]。その後ハンガリー（とりわけ現在のオーストリア・ブルゲンラント州）から

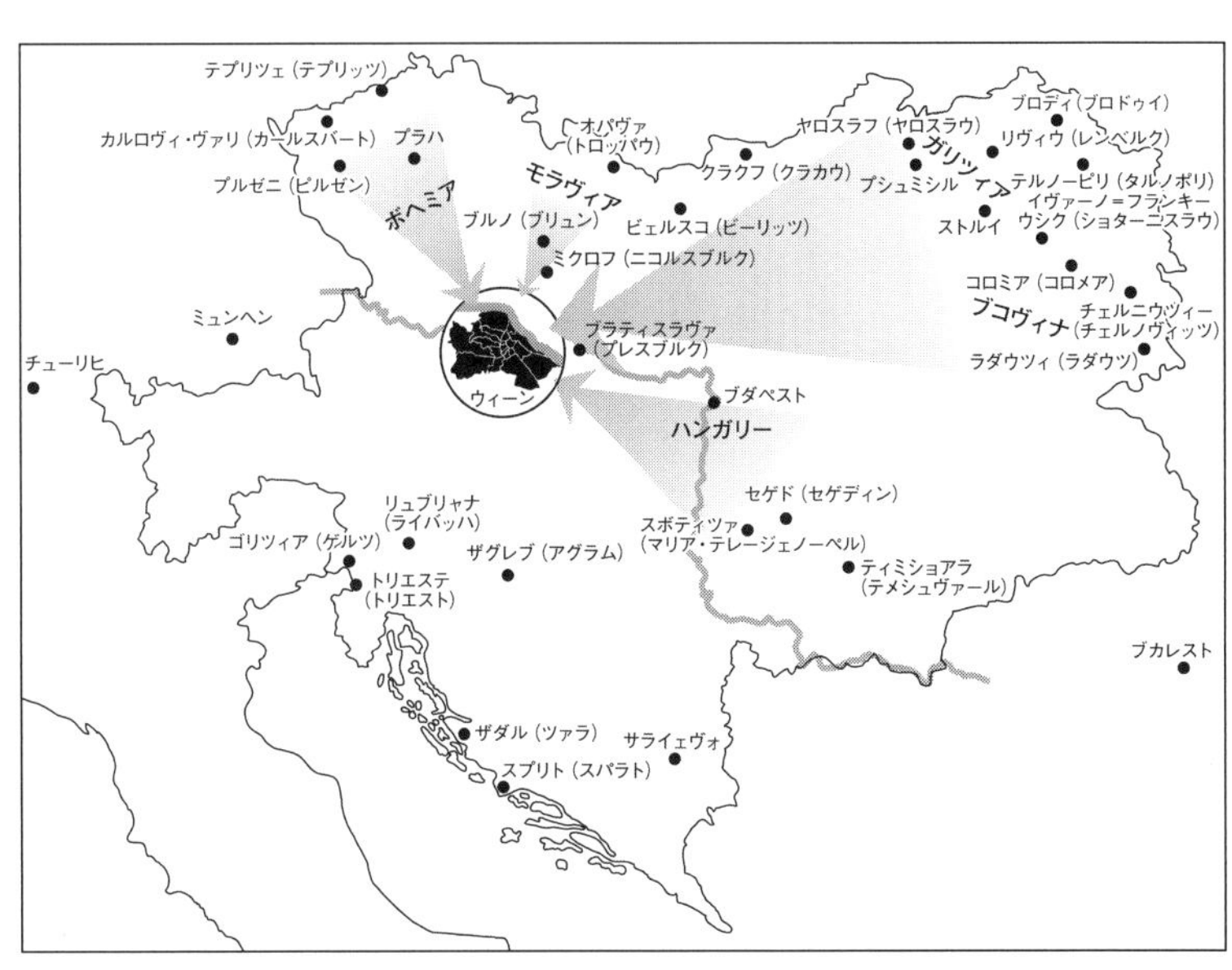

図3　ハプスブルク帝国各地からウィーンへのユダヤ人の流入。

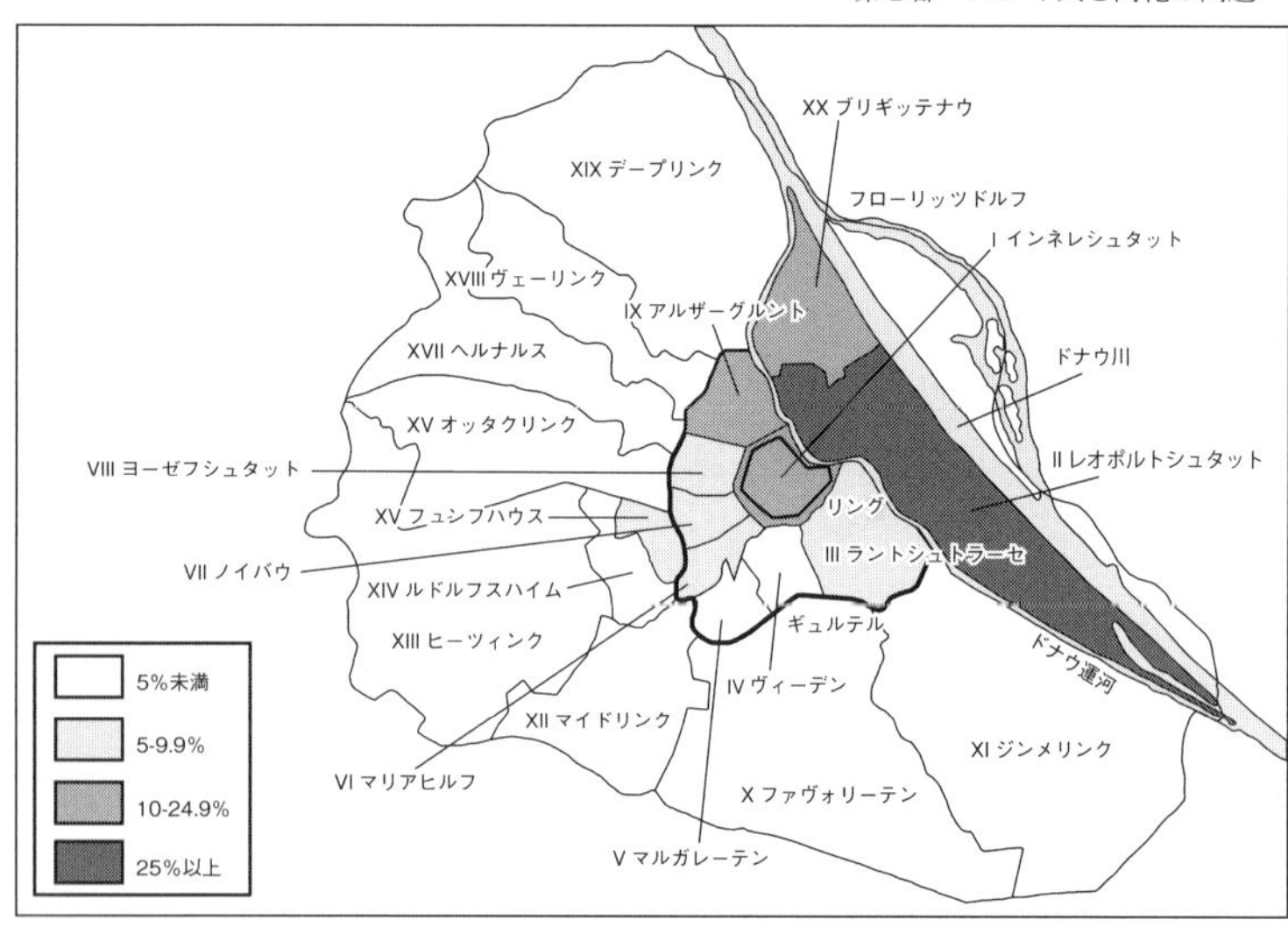

図4　ウィーンの各地区におけるユダヤ人の人口比率（1900）

も大量に移住が進む（図3）。ローゼンブリットによると、一八八〇年の段階でウィーンに居住していたユダヤ人のうち、父親がボヘミアないしモラヴィア出身のユダヤ人は全体の四分の一にあたる二六％、ハンガリー出身はほぼ半数にあたる四五％を占めた[19]。この時期にウィーンへ移住したユダヤ人の次の世代が、世紀末ウィーン文化の中心を担っていくことになる。

彼らの多くは、ドナウ運河とドナウ川の間にはさまれた通称「種なしパンの島（Mazzesinsel）」[20]と呼ばれるウィーン第二区レオポルトシュタットや、一九〇〇年に第二区から分離することになるブリギッテナウ（現第二〇区）からドナウ運河をはさんで対岸に位置する第九区アルザーグルントに居住した(21)（図4）。しかし当時ユダヤ人が住人の約三分の一を占めたレオポルトシュタットであっても、かつてのユダヤ人街（ゲットー）のようにキリスト教世界から完全に隔離された共同体が形成されたわけではない。同じような境遇のユダヤ系住民の存在を「家族(22)」のように間近に感じながら、「隣人(23)」としてドイツ語を話す非ユダヤ系住民と生活や教育の場を共にする過程で、ゆるやかにウィーン文化に同化していくのである(24)。代表的な例として挙げられるのは精神分析の父として知られるジグムント・フロイト（一八五六～一八三九）（図5）である。モラヴィア東部の町プシーボル（ドイツ語名フライブルク）に生まれたフロイトは、三歳で家族とともにウィーン・レオポルトシュタットに移り住んだ。そしてターボル通りにあるギムナジウムを卒業し、ウィーン大学医学部へ進学したのち、一八九一年、第九区のベルク通り十九番地に診察所を開いた。ベルク通りのあるロッサウ地区には十六世紀に設置されたウィーン最古のユダヤ人墓地が今もある。ザムエル・オッペンハイマーをはじめとする歴代のウィーンのユダヤ人は、トルコ軍による略奪やドナウ川の洪水などからこの墓地を守ってきた。そのためこの地には多くのユダヤ人が集まり住んだ。ロッサウにはカトリックの教区教会であるセルヴィーテン教会が十七世紀に建設されるが、長年

図5　ジグムント・フロイト

キリスト教徒とユダヤ教徒は「隣人」として共存していた[25]。十九世紀末になると、セルヴィーテン教会の面するミュルナー路地にシナゴーグが建設された。両者からほぼ等距離に位置するグリューネン・トーア路地沿いの集合住宅に「宗教的伝統にとらわれない、典型的な自由主義者[26]」でありながらタルムードの勉強を怠らなかったフロイトの父ヤーコプと、九十五歳まで生きた母アマーリアの住居があった。フロイトの診療所のあるベルク通りはそこから四百メートルと離れていなかった。彼は毎日のように高齢の母が暮らすグリューネン・トーア路地沿いの住居に顔を出し、カトリック教徒が礼拝のためにセルヴィーテン教会に集まる日曜日には花束を携えて母の元へ訪れるのだった[27]。フロイトはこうした環境で生活していく中でウィーン社会に同化していったのである。なお、ミュルナー路地のシナゴーグは、オーストリアの多くのシナゴーグの例にもれず、一九三八年十一月にナチスのＳＳ連隊の手により、「隣人住民の拍手喝采の中[28]」破壊されている。

東方ユダヤ人

最後のタイプは現在のポーランドやウクライナにあたる、ガリツィアやブコヴィナのシュッテットル（ユダヤ人集落）から十九世紀末にやって来た東方ユダヤ人（Ostjuden）と呼ばれる人々である。当地ではユダヤ人に対するポグロム（民衆による襲撃）や戦争の影響で経済的困窮化が進んでいた。彼らはウィーンのドイツ文化に同化したユダヤ人たちの成功を耳にし、西方の社会とドイツ文化について理想化されたイメージを抱きながらウィーンにやって来る。長いカフタンを着て、もみあげを剃らせることなく伸ばしたひげをたくわえ、イディッシュ語というヘブライ語とドイツ語の合成語を話すなど、それまでのユダヤ的生活習慣を色濃く残していた。こうした東方ユダヤ人がレオポルトシュタットをはじめ、世紀転換期のウィーンで急増していた（図6）。すでに紹介したローゼンブリットの統計によると、ウィーンに居住していたユダヤ人のうち、一八八〇年の段階で父親がガリツィアやブコヴィナ出身のユダヤ人は全体の一五％だったのが、一九一〇年には三七％にまではね上がる。㉙ウィーン社会でこれまで生活していた人々とはあきらかに異質な存在ゆえ、真っ先に反ユダヤ主義の標的となっていくのである。注目すべきことに、こうした東方ユダヤ人に対する反感は、非ユダヤ系住民だけではなく、むしろ以前からウィーンに暮らし、ドイツ文化に同化していたユダヤ人からも生じていた。その背景については次章で詳しく見ていくことにしよう。

図6　ウィーンの東方ユダヤ人（1915頃）

第2章　自由主義と反ユダヤ主義——白紙の状態を求めて

ユダヤ人のいないウィーン？

第1章ではさまざまな背景をもつユダヤ人が十九世紀後半以降、帝国各地からいかにしてウィーンに定着したかを概観した。ただし、ここで忘れてはならないのは、この時代にウィーンの人口の約一割を占めるまでになったユダヤ人は、たしかに文化的には大きな功績を残したものの、社会的にみればあくまでも周縁的な存在であったということである。たとえウィーン社会への同化が進んでいたとしても、実質的なカトリック社会であるオーストリアにおいて、ユダヤ人が公職につくことは極めてまれであった。また、当時のウィーン市長は、支持者を得る名目であからさまな反ユダヤ的発言を繰り返し、ウィーン市民の反ユダヤ的感情をあおっていた。こうしたユダヤ人に対する反感は、二十世紀のヨーロッパではますます顕著なものとなっていき、ナチス＝ドイツのホロコーストに代表されるように、ユダヤ

図1　フーゴー・ベッタウアー
『ユダヤ人のいない都市』の初版本

人が中欧の地から強制的に排除されたり、亡命を余儀なくされたりすることになる。その結果、文化の中心的担い手であったはずのユダヤ人は、二十世紀半ばにはその多くが中央ヨーロッパから姿を消した(1)。その意味で、われわれが目にしている現代の中欧とは、ユダヤ人が文化的に活躍していたかつての中欧とは根本的に異なる世界といえるのではないだろうか。ジョージ・E・バークレーはオーストリアの作家フーゴー・ベッタウアー（一八七二〜一九二五）の小説『ユダヤ人のいない都市』（一九二二）（図1）をふまえつつ「ユダヤ人がいないウィーンはもはやそれ自身のおぼろげな影でしかない」(2)という言葉を残しているが、これは文化的に見れば中欧全体にいえることである。

十九世紀後半から二十世紀にかけて広がった反ユダヤ主義は、「反セム主義（Antisemitismus）」とも呼ばれる。これは人種的な観点からユダヤ人を排斥しようとする点で、従来の宗教的理由によるユダヤ人への反感や迫害とはあきらかに異なる性質をもっていた。本章ではユダヤ人がウィーン社会に同化し、ドイツ人として生きつつも、新たにユダヤ人として「発見」され迫害を受ける、十九世紀後半以降の反ユダヤ主義の状況に焦点を当てて考察する。なぜ社会的には反ユダヤ主義が広がっていた時代に文化的には大きな功績を残せたのか。ポイントとなるのは十九世紀後半に成立したウィーンの自由主義社会とユダヤ人との関係である。順を追って確認することにしよう。

自由主義と同化ユダヤ人

ウィーンのユダヤ人が社会的に躍進した時期は、ちょうどオーストリアの帝国議会の主導権をドイツ系自由派が握っていた時期にあたる。彼らの思想的背景である自由主義（Liberalismus）とは、従来の君主制にもとづいた絶対主義に対し、啓蒙主義にもとづいて個人の自由や権利を追求し、市場の競争原理による自由な経済活動を促進する思想である。自由主義思想はフランス革命ののち西欧諸国に広がっていったが、オーストリアでは宰相メッテルニヒのもとで反動的なウィーン体制が続き、また一八四八年の諸民族による革命が鎮圧されてフランツ・ヨーゼフ一世による新絶対主義が誕生したこともあり浸透しなかった。そうした自由を抑圧するような体制が一八五九年の第二次イタリア独立戦争におけるオーストリアの敗北を機に崩壊し、立憲君主制へと移行する過程で、オーストリアの帝国議会ではドイツ系のブルジョワ市民層を中心とした自由主義者が主導権を握るようになった。彼らは国家の諸制度を立憲政治の原則とミドルクラスの文化価値とに適合するように変形していった。[3]ウィーン中心部における一連の都市大改造事業、とりわけリングシュトラーセと呼ばれる環状道路に面して建設された、帝国議会議事堂、ウィーン市庁舎、宮廷歌劇場、ブルク劇場など、見る者を圧倒する巨大で多様な様式の公共建築物の数々は、こうしたブルジョワ市民層の価値観を視覚的に表現したものである。

ではなぜオーストリアで自由主義が台頭していたこの時代に、社会的に周縁的な存在であったはずのユダヤ人が活躍できたのだろうか。あるいは別の表現をするならば、なぜユダヤ人の地位が「ほとんど完全に自由主義思想の影響に左右されていた[4]」のだろうか。ガリツィア出身のラビであり、帝国議会議員でもあったヨーゼフ・ザムエル・ブロッホ（Joseph Samuel Bloch, 一八五〇〜一九二三）は、当時のユダヤ人にとって自由主義は、たんなる政治綱領や、当時支配的な世論の反映以上のものだったと述べている。彼によると自由主義はユダヤ人の精神的な避難所であり、「千年にもわたる放浪ののちにようやく発見した安全な港」である。すなわち、「先祖がむなしく求め続けてきた願望の最終的な実現、言語に絶する隷属と恥辱の経験ののちに獲得した自由の保証[5]」にほかならなかった。自由主義社会とは、ユダヤ人にとって単なる近代的な経済社会を意味するだけでなく、気の遠くなるほど長い歴史の過程で受けてきたさまざまな偏見や差別を乗り越える可能性を秘めたものだったのである。世紀転換期のウィーン社会においてもなおユダヤ人が活躍できる場は限られていた。すでに述べたように、ハプスブルク帝国においてユダヤ人が公職につくことは、カトリックに改宗でもしないかぎり考えられなかった。それゆえたとえば外交官のような職につく道はあらかじめ閉ざされていた。当時の統計を見ると、高等教育を受けようとする段階で現実的な進路選択をユダヤ人自らが行っていることがよくわかる。一九〇六／〇七年から一九一三／一四年までの高等教育機関におけるユダヤ人学生数と全学生数に対する比率を見ると、ウィーン大学に在籍するユダヤ人学生の比率は最大で二七・五％、医学部に至っては四〇・八％をユダヤ人学生が占めているにもかかわらず、外交官養成校に在籍するユダヤ人学生は皆無なのである。(6)

その一方で、同じ統計でも貿易専門学校に在籍するユダヤ人学生の割合は非常に高い。一九〇六／〇七年には全学生数の半数である五〇・二％を占めている。またベラーがまとめたウィーンのギムナジウムの卒業生における父親の職業と息子の宗教（および／あるいは民族的所属）との相関関係（一八七〇〜一九一〇）を見ると、父親が金融業を営んでいるユダヤ人の息子はギムナジウム全体の五九・六％、商業は八一・三％にのぼる。(7)もともとユダヤ人はキリスト教徒が忌み嫌う金融業や商業を営むことが多かったが、別の見方をすれば、市場経済社会における自由な競争が可能な時代に見合った職に従事しているといえるだろう。またユダヤ人は大学では法学部、医学部、哲学部への進学率が高く、それと比例して弁護士、医師、ジャーナリストなどのいわゆる自由業に従事する比率が高かった。高度な知識を要する自由業への道が開かれていたことは、ユダヤ人ブルジョワ自由主義者がウィーンの文化エリート層の中心を形成していくひとつの大きな要因となっていたといえる。

スティーブン・ベラーは、自由主義社会がいつしか新しい人間の普遍的なあり方を提示してくれるのではないかという「未来への彼らの過剰ともいえる期待」[8]を理解する必要性を強調している。ユダヤ人にとって、誰もが自由な競争の可能な社会へ同化していくことができるということは、自らの経済的・社会的な地位の向上だけでなく、これまで彼らが長い歴史を通じて苦しめられてきた宗教や民族といった特性で他者と自分を区別しようとする世界観から脱却し、民族や宗教の枠組みを超えた「人間」としてひとつとなる未来への期待が込められていたのである。こうした未来への期待のためにユダヤ人は大いに教育に投資をした。その結果、二十世紀初頭におけるウィーン大学の学生のほぼ三、四人に一人をユダヤ人が占めるまでにいたった[9]。オーストリアの作家シュテファン・ツヴァイク（Stefan Zweig, 一八八一～一九四二）はウィーンの非常に裕福なユダヤ人家庭に生まれたが、自伝『昨日の世界』の中で、富よりも「精神的なもの」を優先するユダヤ人家庭の価値観を挙げている[10]。これは裕福な銀行家の息子として生まれ育ったホーフマンスタールをはじめとする「若きウィーン」と呼ばれる世紀末ウィーン文学の牽引者たちにも同様に言える傾向である。それは結果的に自らの固有の文化をもたずに旧来の貴族的価値観に迎合する父親に対する「世代的反逆」[11]と、時代に見合った新たな文化的価値観の芸術的表現へとつながっていくことになる。

このように、十九世紀後半のウィーンにおける同化ユダヤ人は、その教育水準の高さと自由主義社会の流れに乗り、ウィーンの新興ブルジョワの中心を占めるようになる。裕福なブルジョワのユダヤ人は、ウィーン第一区の一等地に富の象徴として宮殿のごとき豪華な建築物を次々と建てていった。ロートシルトのクレジット・アンシュタルト銀行本社は、証券取引所に近いかつてのショッテン門（トーア）付近に建設され、その向かいには同じく銀行家でオデッサ（現ウクライナ）出身のエフルッシの宮殿が建設された。プラハの繊維産業で財をなしウィーンで銀行家となったエプシュタイン家の宮殿は、帝国議会議事堂に隣り合って位置していた。巨大で威圧的な宮殿が象徴的に示すユダヤ人の経済的成功は、誰の目にも明らかであると同時に、富の恩恵にあずかれない人々の反感を呼び込みかねないものであることは容易に想像できるだろう。

反ユダヤ主義

オーストリアにおいて自由主義社会は長続きしなかった。その要因としてはさまざまな理由が考えられるが、ひとつのきっかけは一八七三年に開催されたウィーン万国博覧会に端を発する経済破綻である。この万博では日本がはじめて出展し、ヨーロッパにおけるジャポニズムのきっかけをつくるなど、国際的に大きな反響を呼んだ。オーストリアとしては国家の近代化をアピールする好機であった。実際好景気の波に乗り、特にウィーンはグリュンダーツァイト（Gründerzeit）と呼ばれる泡沫会社乱立時代に入った。しかしこれは結局のところバブル経済であり、直後にウィーン株式市場が大暴落した。銀行や会社が連鎖的に倒産し、大不況に陥ったことで、ウィーンの経済的自由主義は信用が失墜したのである。ところがロートシルトやトデスコをはじめとするユダヤ系大銀行家や投資家たちは、株価暴落前に首尾よく高株を売り抜いて多大な利益を上げた。その結果、富の分配に不平等を感じる人々の不満の矛先はユダヤ人へと向けられた。銀行、株、証券を牛耳っているのはユダヤ人であり、ユダヤ新聞やユダヤ人の学者、ユダヤ人の代表者たちは、全力をあげてユダヤ人の特権を守り、それを拡大するのだ、といった論説がウィーン全体に広がっていったのである。[12]

この時代はすでに民族主義が台頭していた。オーストリアにおける自由主義社会の崩壊のもうひとつの重要な要因は、二重君主国成立時にハンガリーと同じような恩恵を受けることができなかったチェコ人をはじめとするスラヴ系民族が議会をボイコットするなど、自由主義社会を推進してきたドイツ系自由派が議会で主導権を握れなくなったことが挙げられる。第1部で紹介したターフェ内閣の成立と被支配民族に有利な彼の言語令はその一例であるが、こうした非ドイツ系民族による民族主義の激化と歩を合わせるように、国内でのヘゲモニーに陰りが見えてきたドイツ系オーストリア人におけるドイツ民族主義もまた台頭していた。そうした中でドイツ文化に同化していたユダヤ人を自らと区別しようとする動きが生じてくる。ドイツ出身の外科医でウィーン大学でも講義をしていたテオドール・ビルロート

(一八二九～一八九四)は、『医学の講義と学習について』(一八七六)の中で、「ユダヤ人ははっきりと際立った特徴をもつ民族(Nation)であるということを、われわれはしばしばすっかり忘れてしまっている。ペルシア人やフランス人、ニュージーランド人やアフリカ人がドイツ人になれないように、ユダヤ人はけっしてドイツ人にはなれないのである」と述べた。そして、「たとえ彼らが生粋のゲルマン人よりもドイツ語で美しくすぐれた詩を書き、思考をめぐらしたとしても、偶然にドイツ語を話し、偶然にドイツで教育を受けたにすぎない」と述べ、ユダヤ人がドイツ人へと同化する可能性を否定した。[13] 彼の発言は当時ユダヤ人が多数を占めていたウィーン大学でもドイツ民族主義学生同盟(ブルシェンシャフト)を中心に広がり、これがユダヤ人を人種的にゲルマン人と区別しようとする反セム主義の契機となった。

こうした民族主義に根差した反ユダヤ主義は、政治家にも及んでいた。パン・ゲルマン主義者であるゲオルク・フォン・シェーネラー(一八四二～一九二一)は、一八八二年にオーストリアにおけるドイツ民族主義の原則をうたったリンツ綱領を出し、弱体化した二重君主国の解体と、ドイツ帝国との親密な同盟関係を主張した。さらに彼は一八八五年に追加条項を加え、公的な生活のすべての領域からのユダヤ人の影響力の排除が不可欠であると明文化した。[14] 彼は支持者に対して次のように述べている。「わたしの支持者は、ユダヤ人がドイツ語を話し、ドイツ人のように振る舞っているからという理由で、彼らをドイツ人とみなしてはいけない。また、ドイツ人とユダヤ人の混血も認めてはいけない。[……]スラヴ人やロマンス人はアーリア人であり、われわれと起源が同系である。しかし、ユダヤ人の起源は、われわれとはまったくかけ離れている[15]」。アーリア人と異なるユダヤ人種の排除を主張するシェーネラーの思想はのちのアドルフ・ヒトラーの思想に影響を与えたといわれている。一方、一八九七年よりウィーン市長となったキリスト教社会党党首のカール・ルエーガー（Karl Lueger, 一八四四～一九一〇）（図2）は、ドイツ民族主義にうったえるのではなく、自由主義的な社会に不満をもつ帝国内のカトリック教徒の心を掌握するために言葉巧みに反ユダヤ主義を利用した。ルエーガーは演説の名手と呼ばれていた。彼は反ユダヤ主義に対して嫌悪感をもっていた皇帝フランツ・ヨーゼフ一世に繰り返し市長就任を拒否されたが、反ユダヤ主義を掲げるルエーガーを支持する声がウィーン市内で高まり、国政でも反リベラリズムを掲げるキリスト教社会党が、ドイツ民族派や社会民主党とともに多数派を占めた。その結果、皇帝もルエーガーの市長就任を承認せざるを得なくなる。これによってウィーンにおける自由主義の時代は完全に終わりを告げた[16]。

図2　カール・ルエーガー

反ユダヤ主義がウィーン社会に浸透していく過程で、たとえば東方ユダヤ人のように、ユダヤ教の伝統的慣習を保持し、外見からも明らかにユダヤ人であることがわかるような人々のみならず、ユダヤ教からカトリックへと改宗し、完全にウィーン社会に同化していた人々もまたユダヤ人として新たに「発見」されることになる。しかしユダヤ人であることをもはや意識することもなかった同化ユダヤ人は、東方ユダヤ人と自らを同じ人種として同一視されることに強い拒否感を示した。それゆえ彼らはドイツ文化への帰属意識からむしろ積極的にユダヤ人を嫌悪するようになる。こうした自らの「ユダヤ性と関連した神経症的な苦しみ」[17]をユダヤ人の「自己憎悪（Selbsthass）」と呼ぶ。たとえば第1部第3章で紹介したフランツ・カフカの父ヘルマンのことを思い起こしてもらいたい。彼もまた、プラハで商売をするにあたってドイツ語を身につけ、ユダヤ的慣習をなおざりにしてきた同化ユダヤ人の一人である。父にとって、息子フランツが東方ユダヤ人の劇団や恋人と交際することは、自ら捨て去った過去を思い出させるものであった。それゆえ父ヘルマンは息子の東方ユダヤ人との交際に激しく反発したのであるが、これもまた一種の「自己憎悪」といえよう。

「個々人の集まり」が作り出す文化

ウィーンのユダヤ人はこうした反ユダヤ主義が強まっていたウィーン社会に次第に息苦しさを感じていく。最後に彼らがいかにこうした状況から逃れようとしていたかを政治的運動と文化的運動の二点から確認したい。

図3　テオドール・ヘルツル

この時代のユダヤ人の政治運動としてあげられるのはシオニズムである。この運動の指導者となったテオドール・ヘルツル（Theodor Herzl, 一八六〇〜一九〇四）（図3）は、ハンガリー生まれの同化ユダヤ人で、もともとはジャーナリストとして当時ウィーンで最も影響力のあった新聞『ノイエ・フライエ・プレッセ（新自由新聞）』の編集長をしていた。しかし一八九四年、ヘルツルがジャーナリストとしてパリでドレフュス事件に遭遇した際、彼は同化の不可能性を悟ったとされる。「私たちは至るところで、われわれを取り巻いている民族共同体の中に没入し、彼らの先祖の信仰のみを守ろうと真摯に努力してきた。だが人々はそれを許さない。我々は忠実な愛国者で、また所によってはそれどころか熱狂的な愛国者となるが、それも無益に終わるし、われわれの同胞市民たちと同じくらいに財貨と血の犠牲を払おうともそれも空しく、芸術と学問におけるわれらの祖国の名声を高め、商業と交通を通じて祖国の富を高めようと苦労しても空しいのである。我々がすでに数百年前から住んでいる自分たちの祖国において、我々はよそ者だと言いふらされるのだ(18)」。ヘルツルは一八九六年に『ユダヤ人国家』を出版し、パレスチナにユダヤ民族国家の建設を目指すことになる。「われわれはひとつの民族、同一の民族なのだ(19)」とヘルツルは主張する。しかしヘルツルのシオニズム運動にウィーンの同化ユダヤ人は強く反発した。そのひとりであるシュテファン・ツヴァイクは『昨日の世界』の中で次のように述べている。「彼〔ヘルツル〕は何という愚かなことをやり、書くのか。なぜわれわれがパレスチナに行かねばならないのか。われわれの言語はドイツ語であってヘブライ語ではない。われわれの故郷はこの美しいオーストリアだ。われわれは自分たちで立派に生計を立て、安定した地位をもっているではないか。われわれは平等の権利をもった国民ではないのか。この愛すべきウィーンに古くから暮らす、忠実な市民ではないのか。そしてわれわれは、あらゆる宗派の偏見が二、三十年のうちに無くなるであろう進歩的な時代に生きているのではないか。ユダヤ人として発言し、ユダヤのために尽力しようとする彼が、なぜわれわれの最悪の敵たちの手に論拠を与えるのか」[20]。つまりツヴァイクにとってヘルツルの運動は、同化という形で「先祖代々受け継いできた歴史的な特性を捨て、白紙の状態（tabula rasa）になる」[21]ことで差別や偏見のない新たな社会をめざそうとしてきたウィーンのユダヤ人の長年の努力を無駄にし、ユダヤ人に対する差別や偏見をかえって助長するものになりかねないという認識があったのである。

ドイツ文化を習得し、意識の上ではオーストリア社会に同化しつつも、ユダヤ人として再発見されては排除される当時のウィーンのユダヤ人の事情を考慮すると、世紀転換期ウィーンでなぜ社会的には周縁的存在だったユダヤ人が文化的に大きな役割を占めたのかということも理解できるのではないだろうか。スティーブン・ベラーはウィーンのユダヤ人が同化の過程で手放した「ルーツの代替物」[22]としての文化のもつ意義を強調している。彼によると、世紀転換期のウィーンのユダヤ人は、同化の必須条件と考えられた過去の否定のおかげで、自分の属していた集団への帰属意識をとっくに失い、自らの意識ではもはやユダヤ人でないにもかかわらず、当時蔓延していた反ユダヤ主義のためにドイツ人にもオーストリア人にもなれなかった。それゆえ自分が誰なのかという、確固たるアイデンティティを見出すことができなかったのである。先祖代々受け継いできた歴史的な特性を失った彼らは、自らの資質と身につけた教養だけを頼りに、「個々人の集まり（sum of individuals）」として生きていくほかなかった。それゆえこれらのユダヤ系知識人が貢献した文化は、「彼らのものでもなければ、誰かほかのものでもない」[23]ような文化であった、とベラーは述べている。この「白紙の状態」から生まれた「特性のない」文化とはいったいどのようなものとしてとらえたらよいのだろうか。次章以降では世紀転換期にウィーンにやって来た同化ユダヤ人の典型として、チェコ・ボヘミア出身の音楽家グスタフ・マーラーと、ガリツィア出身の作家ヨーゼフ・ロートを取り上げつつ考察する。

第3章　グスタフ・マーラーとポリフォニー

死と隣り合わせの生

前章ではウィーン社会に同化したユダヤ人が手放すことになったルーツの代替物として、文化的営みがもつ意義について触れた。本章ではその具体例としてチェコ・ボヘミア出身の作曲家・指揮者グスタフ・マーラー（Gustav Mahler, 一八六〇〜一九一一）を取り上げる。マーラーは反ユダヤ主義が渦巻くウィーンで活躍するために自らの特性のひとつであったユダヤ教を捨て、カトリックに改宗する。そしてそのドイツ人ともユダヤ人ともいえない不安定な自らの存在を、芸術に対して厳格であり続けることによってつなぎとめようとする。そうした彼の音楽に込められた世界観を理解するうえでキーワードとなるのが、「ポリフォニー（Polyphonie）」である。ポリフォニーとはもともと多声音楽、すなわち複数の独立した旋律がからみあう音楽を示す音楽用語で、たとえばバッハの音楽が有名であるが、ロシアの文芸批評家ミハイル・バフチンがドストエフスキーの小説世界を表現する際に用いるなど、現在では音楽用語を超えて用いられている。マーラーもまたポリフォニーを彼の交響曲で効果的に響かせつつ、自らの世界観を表す言葉として用いている。彼の多声的な世界観は、前章で確認した「白紙の状態」から生まれた文化とどのように関係しているだろうか。彼の背景をふまえつつ確認してみよう。

グスタフ・マーラーは一八六〇年、チェコのボヘミア南東部、モラヴィア地方と境を接するカリシチェ Kaliště（ドイツ語名カリシュト Kalischt）という村落に生まれた。父ベルンハルトは荷馬車で行商をしたのち、酒類製造販売業で成功した商人であった。彼は同じユダヤ人で石鹸製造業者の娘であるマリーと結婚し、ふたりのあいだには十四人もの子どもが生まれたとされる。(1) グスタフはこのうち二番目の息子であった。しかしこの十四人のうち半数が生まれて間もなく、もしくは幼年期に死去している。とはいえ、これはけっして異常な数ではない。クルト・ブラウコプフによると、十九世紀後半のハプスブルク帝国諸州における五歳未満の幼児の死亡率は五〇％近くあり、いまだなお幼年期に命を落とすのが日常的な時代であった。幼い妹ユスティーネは死んだまねをして遊びさえした。マーラーはのちのちまでそのときの光景をはっきり覚えている。「まだ子どものころ、彼女はベッドの周りにろうそくを立て並べ、それからベッドに身を横たえ、ろうそくに火をともし、自分は死んでいるのだと本気で信じていた」。(2) 死が生と隣り合わせであり、つねに身近に存在しているという記憶は、のちのマーラーの世界観に大きく影響を与えた。とりわけいつも一緒に遊び、秘密を共有し合っていた一歳年下の弟エルンストが一八七五年にこの世を去ったことは、当時十四歳だったグスタフに強い衝撃を与えたといわれている。[3] その後も一八七三年に生まれた十三歳年下の弟オットーがウィーンで学生生活を送っていた一八九五年にピストル自殺をし、長女マリア・アンナがジフテリアにより一九〇七年に五歳の若さでこの世を去った。このようにマーラーはほぼ同時期に生の喜びと死の悲しみを繰り返し体験しているのである。

異なる価値観の併存

マーラーの幼年時代の記憶をもう少したどってみよう。グスタフの生まれた一八六〇年、皇帝フランツ・ヨーゼフ一世は十月勅令を公布する。これは前年のソルフェリーノの戦いでイタリアに敗れたオーストリアが、それまでの絶対君主制から立憲君主制へと移行する過程として重要であるが、帝国内のユダヤ人解放を後押しするものでもあった。マーラー家はこの機をとらえてカリシチェからほど近いイフラヴァ（ドイツ語名イーグラウ）に移住する。当時のモラヴィア地方の中心のひとつであったこの商業都市にはチェコ人に加えて多くのドイツ人が住んでおり、ブルノやオロモウツ（ドイツ語名オルミュッツ）などとともに、「周囲からナショナリズムの波が荒々しく打ち寄せるドイツ語の島」[4] であった。イフラヴァにやって来た父ベルンハルトをはじめとするユダヤ人は、一八六二年にユダヤ教区とシナゴーグ[5]を設置した。イフラヴァに居住するユダヤ人の数も一八六九年の統計で人口の五・四％を占めるまでに増加した。[6] しかしこの地では少なくともマーラーの幼年時代までは反ユダヤ的傾向は見られなかった。[7] その結果、イフラヴァではキリスト教とユダヤ教が共存し、ユダヤとスラヴとゲルマンの民族的な要素が混然一体となった独特な都市文化が形成された。マーラーはイフラヴァの中央広場から路地を入った先にあるゴシック様式の聖ヤコブ教会でモーツァルト、ハイドン、ベートーヴェンらの教会音楽に触れるとともに、[8] 同地に駐屯していたオーストリア軍の軍楽隊がラッパを吹き鳴らして奏でる行進曲に強く魅了される。さらに父親の仕事場に出入りする職人や商人や女中を通してモラヴィアの民謡を覚え、ボヘミアの音楽家たちのバンドの奏でる舞曲に心を踊らされた。[9] こうした異なる民族や宗教が共存してさまざまな音色を奏でていたイフラヴァでの幼年期の記憶もまた、彼の音楽観に強い影響を与えている。

父ベルンハルトは情熱的だが癇癪もちであり、やさしく弱々しい母マリーとは対照的な存在であった。二人の間には争いが絶えず、かならずしも喜びの多い家庭環境とはいえなかった。そうした中で幼いグスタフはいつしか自らの静かな内面世界に逃げ込むようになる。晩年に行われたフロイトとの対話の中で、マーラーは両親の不和にまつわる幼年時代のエピソードについて語っている。ある日のこと、幼いグスタフは父と母の喧嘩の最中にやりきれない思いで家を飛び出すが、そのとき出会いがしらに路上に立つ手回しオルガン弾きと顔を合わせる。男はハンドルを手にウィーン民謡「かわいいアウグスティン（O du lieber Augustin）」[10] の卑俗なメロディを鳴らしていた。このときの悲痛な心象と、軽薄で陳腐な情景との激突の体験は、彼の心に深く刻み込まれ、終生彼に付きまとい、創造の瞬間にあっても彼を支配しつづけた。[11] たとえ自らの感情が悲しみで激しく動揺していても、彼を取り巻く世界はいつもと変わらないし、必ずしもその感情に寄り添ってくれるわけではない。自ら思い描く世界とはまるで異なる世界が互いに排除し合うことなく併存していることを、マーラーは自然なありようとして受け入れていくのである。幼年時代から長い月日が経過した一九〇〇年夏、四十歳のマーラーが友人と森を散策していた時もそうであった。祝祭の市に設置された移動遊園地にたどり着くと、回転木馬、射的小屋、人形芝居小屋から手回しオルガンの音楽が響き渡り、そこへさらに軍楽隊の演奏や男声合唱団の唄が混ざり合い、それらすべてが同じ森の草原の上で互いにかまうことなく信じられないような途方もない音楽を奏でていた。マーラーによれば、これこそがポリフォニーなのである。[12] マーラーの音楽は、交響曲に民謡音楽が挿入されたり、トランペットのファンファーレが突如響き渡ったり、カッコウの鳴き声やカウベルの音の響きに驚かされるが、こうした異なるさまざまな音の重なり合い——「悲劇的感情の表出と、〈陳腐〉ですらある旋律の単純な形式とのぶつかり合い」[13]——は彼の日常から導き出されたものである。

ウィーン――故郷なき者の故郷

マーラーは一八七〇年にイフラヴァの市立劇場で、初めて公の場でピアノを演奏する。その後彼の才能を認めた友人の親戚グスタフ・シュヴァルツがマーラーの父を説得し、一八七五年にウィーン楽友協会音楽院に入学することになる。マーラーはユリウス・エプシュタイン教授のもとでピアノを専攻しつつ、さらに和声学、対位法、作曲学について学んでいる。また、歌曲で知られるフーゴー・ヴォルフら級友と親交を深め、彼らとともにリヒャルト・ワーグナーの音楽と思想に心酔し、とりわけ彼の総合芸術に強く魅せられた。同時にウィーン大学でアントン・ブルックナーの講義を受けたり、さらに哲学や歴史、音楽史などを学んだりしている。前章で触れたように、当時のウィーンは一八七三年のウィーン万国博覧会直後の不況のあおりで経済的に陰りが見えはじめ、民族主義も台頭しはじめてはいたが、リング通りを中心に宮廷歌劇場（一八六九）、楽友協会ホール（一八七〇）が相次いで建設され、その後もさらに市庁

図1　ウィーン宮廷歌劇場（写真は現在のウィーン国立歌劇場）

舎、帝国議会議事堂などの巨大な建造物が次々に姿を現すなど、近代生活に見合った都市改造の真っただ中であった。マーラーは学生生活の過程で次第に帝都ウィーンを自らの故郷のようにみなすようになる。晩年の手紙の中でもマーラーは自らを「根っからのウィーン人」[14]と呼んだほどである。とはいえ、この言葉には多少の含みがあったようだ。というのも、一八七八年にウィーン楽友協会音楽院を卒業後、一八八一年にリュブリャナ（ドイツ語名ライバッハ、現在のスロヴェニアの首都）市立歌劇場の楽長をつとめたのを皮切りに、モラヴィアのオロモウツ、カッセル、プラハ、ライプツィヒ、ブダペスト、ハンブルクと、主要都市の歌劇場の指揮者や芸術監督を次々と務めたマーラーが、ウィーン宮廷歌劇場（図1）の指揮者および芸術監督としてふたたびウィーンを訪れるのは、二十年後の一八九七年のことだったからである。一八九七年四月の友人に宛てた手紙には、長い遍歴生活の後にふたたび「自分の故郷」にたどり着いた喜びを伝えている。[15]

指揮者として大きな成功を収めつつもウィーンから声がかからなかった背景には、「あらゆる障害の中で最大の障害——僕がユダヤ人であること」[16]とマーラー自ら手紙に記しているように、彼自身のユダヤ性とウィーンの反ユダヤ主義があった。王室の基金で運営されている公的な機関の中での高位の職につくためには、実質的にカトリックの洗礼を受ける必要があった。[17]そのためマーラーは一八九七年二月に自らのルーツのひとつであったユダヤ教を捨て、カトリックに改宗している。幼年時代からカトリックの神秘性に強く傾倒していたマー[18]

図2　マーラーの容貌の変化。左は1883頃、右は1898頃のマーラー。

ラーにとって、改宗はかならずしも苦痛を伴うものではなかった。しかしたとえ彼がキリスト教へ改宗したとしても、ユダヤの戒律[19]に従い顔一面に広がっていたひげを剃って「うつろで、不自然で、特徴のない、役者のような表情[20]」へと外見を整えた（図2）としても、自分がユダヤ人であることを忘れたりはしなかった。自分がドイツ人に完全に同化できるわけでもなければ、ウィーン市民の彼に対するまなざしがこれまでと変わらず、あるいはこれまで以上に敵意をもったものになるであろうことは、マーラー自身が肌で感じていたからである。彼が宮廷歌劇場の芸術監督に就任した二カ月後の一八九七年四月、前章でも確認したように、キリスト教社会党のカール・ルエーガーは反ユダヤ主義を公然と掲げて市民の支持を得ると、皇帝による再三の市長就任拒否をはね返し、ウィーン市長に就任している。

それでもマーラーは芸術監督として、あるいは指揮者として十年間ウィーン・オペラの殿堂の運営に携わり、歴史に残る黄金時代を築いた。しかし一九〇七年になると、自作の曲や別の作曲家の曲の指揮者として国外での活動が増えるに従い、国外に演奏旅行ばかりしていることを理由に、ウィーンのカフェや新聞社、それにサロンで、長い間くすぶっていた彼に対する不満が爆発する。反マーラー・キャンペーンはますますエスカレートし、ついにはマーラーがウィーン宮廷歌劇場の総監督を辞任し、ウィーンを去ることになる。彼が語ったとされる有名な言葉に「僕は三重の意味で故郷がない。オーストリア人と一緒にいればボヘミア人として扱われ、ドイツ人たちと一緒にいればオーストリア人、全世界でユダヤ人はよそ者扱いだ。どこへ行っても闖入者、どこでも「歓迎」されやしない[21]」というのがあるが、これは改宗をしてまで手に入れようとした「故郷」になじむことができず、存在のよりどころを見出せないマーラーの悲嘆と受け取ることが出来よう。

「自堕落」な伝統との戦い

ただし、マーラーに特徴的だったのは、悲嘆に明け暮れるのではなく、一切の雑音を締め出すかのように「超人的[22]」な体力と集中力で仕事をしたということである。指揮者・音楽監督としてのマーラーは、客寄せのための安易な客演歌手システムを廃止して、伸び盛りの若手を積極的に起用した。またオペラの理解のために現地語で上演したり、しばしばカットされていたワーグナー・オペラをノーカットで上演したりと、芸術作品の完全無欠な再現をめざす芸術至上主義者としてさまざまな改革を進めた。観客に対しても改革の手綱をゆるめることはなかった。歌劇場をサロンのように見なして序曲の演奏が始まってもおしゃべりを続ける常連のいい加減な態度に業を煮やしたマーラーは、演奏が始まると同時に明かりを消し、すべてのドアを閉めるよう命令した。「マーラーは指揮棒を振り上げる前にいつでも聴衆の囁きや咳に耳を澄まし、周囲を見回し、光る眼鏡越しに責められてしかるべき一画を睨みつけた。オペラの演技者たちや愛好者たちはまもなく、物知り顔した一人よがりだと言って、背が低く、陰気で、鋭い顔つきの指揮者を非難した[23]」。けれどもマーラーはこうした非難も意に介さなかった。

「伝統は自堕落（シュランペライ）だ[24]」とはマーラーの有名な言葉である。伝統がもたらす怠惰と安逸を批判し、新たな芸術をゼロから作り出そうとするマーラーの姿勢は、彼がウィーンで職を得たのと同じ一八九七年にグスタフ・クリムトを中心に結成された芸術家集団、ウィーン分離派（図3）と共通するところがあった。純白のキャンバスのように無垢で、芸術の殿堂として荘厳な雰囲気を漂わせた分離派会館には「その時代にはその時代の芸術を、芸術には自由を（Der Zeit ihre Kunst, der Kunst ihre Freiheit）」というモットーが掲げられていた。その意味でマーラーと分離派の接近は必然であった。一九〇二年、分離派第十四回展示会（通称ベートーヴェン展）では、分離派会館の室内に「苦難に打ち勝つ芸術の力」[25]をアレゴリー化したクリムトのベートーヴェン・フリーズが飾られた。ドイツの彫刻家マックス・クリンガーのベートーヴェン像がおごそかに運び込まれ、マーラーはベートーヴェンの交響曲第九番を管楽器用に編曲して演奏を指揮した。これは分離派による総合芸術の試みとして、彼らの活動のハイライトのひとつに数えられている。

さらにマーラーは、一九〇三年に分離派の芸術家のひとりであるアルフレート・ロラーをオペラの舞台芸術家として呼び寄せ、見た目が贅沢で華やかでさえあればいいという従来の舞台装置の決まりきった原則を打破し、簡素化された舞台に象徴的な舞台効果を高める照明を取り入れた。彼らはオーケストラ、ソリスト、合唱、エキストラ、舞台美術、照明技術をすべて結集させた総合芸術の実現をめざしたのである。[26]一九〇三年の『トリスタンとイゾルデ』の上演は、「光の音楽」と称された彼らの音楽的目標が結実した最初の公演として知られる。

図3　ウィーン分離派

マーラーは指揮者としての出番がない日でも劇場内の総支配人席から上演を監督し、演奏上の問題点や弱点などを絶えず改善するために苦心した。[27] こうした神経と体力をすり減らす激しい職務のため、シーズン中は自分の作曲活動にほとんど時間をさくことができなかった。それでもシーズンオフにはオーストリア・ザルツカンマーグートのアッター湖畔シュタンバッハや、ケルンテン州のヴェルター湖畔マイアーニック、南チロルのドッビアーコ（ドイツ語名トーブラッハ）に建てた作曲小屋にこもって創作を行った。ウィーンに滞在した十年間で、第四交響曲から第八交響曲に至る五つの交響曲、『少年の魔法の角笛』（一八九二～一九〇一）、『亡き子をしのぶ歌』（一九〇一～一九〇四）をはじめとする三つの歌曲集を完成させている。「マーラーはけっして長いこと思いわずらったりはしなかった。どこにいても彼は追い立てられ、気持ちが休まることはなかった。自分自身の作品であれ、オペラであれ、仕事が彼を呼ぶのだった。ゆっくり楽しんでいるんじゃない！　休養なんてもってのほか！　アハスヴェール主義者！[28]」マーラーの妻アルマは、このように休むことなく働き続ける夫の姿をアハスヴェール、すなわちキリストの再来まで地上を放浪するべく運命づけられた「さまよえる永遠のユダヤ人」になぞらえている。ユダヤの痕跡を拭い去るように精力的に働くマーラーの姿が、むしろ典型的なユダヤ人のイメージを増幅させる結果になっているのは皮肉というほかない。

「経験の変容」としての芸術

最後にマーラーのウィーン時代を代表する楽曲として、交響曲第五番に触れておきたい。この楽曲はマーラー自身の指揮によって一九〇四年にケルンで初演された。彼のもっとも生産的な時期における作品である。また、一九七〇年代以降のマーラー・ブームの火付け役となったルキノ・ヴィスコンティ監督の映画『ベニスに死す』（一九七一）で第四楽章アダージェットが効果的に用いられたこともあり、マーラー交響曲の中でもとりわけ人気の高い楽曲として知られる。さらにいえば、死と隣り合わせの生という、対立する二つの価値観を併存させるマーラーの世界観としての「ポリフォニー」が明確に見て取れる楽曲でもある。

交響曲第五番が作曲された一九〇一年から一九〇二年にかけての時期は、マーラーにとってとりわけ幸福に満ち溢れた時期でもあった。彼は一九〇一年十一月、当時まだ二十二歳だった作曲家志望のアルマ・シントラーと出会い、すぐさま恋に落ちる。翌一九〇二年三月にふたりは結婚し、同年十月には長女マリア・アンナが生まれている。ハープと弦楽器が美しい旋律でゆっくりと絡み合う第四楽章アダージェットは、それゆえ「アルマへ宛てた愛の告白(29)」として書かれたともいわれる。その一方で、マーラーは同時期にドイツの詩人フリードリヒ・リュッケルトの詩集から歌曲『亡き子をしのぶ歌』、『リュッケルトの詩による五つの歌曲』（一九〇五初演）を作曲している。とりわけ『亡き子をしのぶ歌』は、そのタイトルが示すとおり、リュッケルトが一八三三年から一八三四年にかけて二人の子どもを相次いで亡くすという悲しい出来事の後に書いたもので、マーラーは同名の詩集から五篇を選んで作曲している。アルマは回想録の中で、ついさっきまで明るく健全に子どもを追いかけまわしたりキスしたりしていた人が子どもの死を歌にするなんて理解できない、と自分の気持ちを表明している。[30]

しかし、『亡き子をしのぶ歌』の第二曲「今私はわかった。なぜそんな暗い炎を」、それに『リュッケルトの詩による五つの歌曲』第三曲「私はこの世に忘れられて」を聴いてみると、そこで奏でられる旋律は、明らかに交響曲第五番第四楽章のアダージェットの旋律をなぞっている。つまりここで別々の作品であった二つの歌曲と交響曲は互いに響き合い、歌曲の死のモチーフと交響曲の愛のモチーフとが絡み合うように共存しているのである。[31]このような形で生と死が隣り合わせに共存していることを示すところに彼のポリフォニックな世界観が読み取れるのではないだろうか。

テオドール・W・アドルノはマーラーの音楽の特徴として「経験の変容」[32]を挙げている。すべての音楽が、その最初の音から、「現にあるものとは別であるようなもの」[33]を奏でることを約束する、すなわち普段当たり前のように見なしている現実という名の「ヴェールを引き裂くこと」[34]を、その音を通じて目の前に提示しようとしている。こうした試みはまさにウィーン分離派をはじめとする世紀転換期ウィーンの芸術家に共通することであった。ウィーン分離派の初代会長を務めたグスタフ・クリムトも、当時の人々が思い描いていたようなものとは全く異なる世界を提示した。宇宙空間を思わせるような背景に、裸で絡み合い漂う人間の姿を描いてスキャンダルとなった「学部の絵」(ウィーン大学講堂天井画『哲学』、『医学』、『法学』)(図4)に典型的にみられるように、クリムトの絵画はニーチェの思想からの影響が指摘されている。[35] マーラーも彼ら分離派の芸術家たちと歩を合わせるように、交響曲第三番ではニーチェの『ツァラトゥストラかく語りき』(一八八五)の「酔歌」からの一節が取られている。美しい愛の調べの中にも死が潜んでいることを気づかせるマーラーの音楽は、「世界は深い、昼が考えたよりもずっと深い(Die Welt ist tief, und tiefer als der Tag gedacht)」というニーチェの言葉に呼応するかのようである。伝統という、ともすれば独断的とみなされかねない硬直化した価値基準に、別なる形もありうるという可能性、異なる価値が併存しうるという可能性を意識させる、そうした経験

図4　グスタフ・クリムト『哲学』(1900)

の変容をもたらす芸術を、気の遠くなるような気力と集中力で創出すること。これがとりもなおさず父親の世代に反旗を翻したウィーン分離派をはじめとする若き芸術家たちの、そして自らのルーツや特性をかなぐり捨てた先にある「白紙の状態」から生まれた新たな芸術活動の目指すところであった。

第4章　ヨーゼフ・ロート——世界市民の祖国

帝国の辺境から中心へ——憧れと幻滅

本章ではウィーンに移住した東方ユダヤ人の一例として作家ヨーゼフ・ロート（Joseph Roth, 一八九四〜一九三九）（図1）を取り上げる。オーストリア＝ハンガリー君主国の辺境に生まれたロートは、第一次世界大戦で帝国が崩壊するにあたって故郷を喪失する。その後ウィーンを離れてナショナリズムの嵐が吹き荒れるヨーロッパ世界を渡り歩いたロートは、野獣性を帯びたドイツ・ナショナリズムに警鐘を鳴らしつつ、かつての祖国ハプスブルク帝国に郷愁を抱いていく。前章のマーラーが新たな芸術を創出しようとしたのに対し、激動の二十世紀前半を駆け抜けたロートがなぜ過去にまなざしを

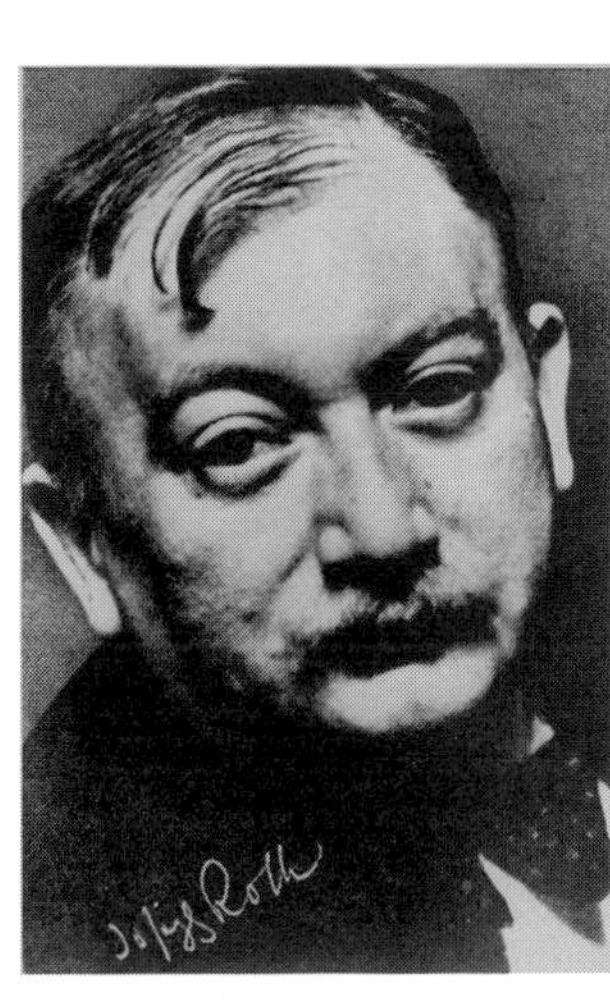

図1　ヨーゼフ・ロート

向けるのか、その背景について考察したい。

　ヨーゼフ・ロートが生まれたのは一八九四年、ハプスブルク帝国の東の果て、ロシアと国境を接するガリツィア州の町ブロドゥイ（ドイツ語名ブロディ）である。ブロドゥイは現在ウクライナ領であるが、十四世紀以降は主にポーランドの支配下にあり、一六三三年に通行関税免除の特権が与えられてからは西欧と東欧間の重要な交易都市として発展した。その後一七七二年のポーランド分割によりガリツィアがハプスブルク家領の領邦州となってからはロシアとの国境の町となった。その後十九世紀に東西交易ルートが海上や鉄道による別ルートに代わると急速に衰退した。ブロドゥイは十七世紀に居住権や交易権を認められたユダヤ人が大量に流入した結果、住民の大部分をユダヤ人が占めるユダヤ人シュテットル（居住区）となった。さらに一八八一年から八二年にかけてロシアでポグロム（ユダヤ人に対する集団的迫害行為）が起きた結果、国境を越えて大量のユダヤ人難民が押し寄せた。ロートは自らの体験をもとに東方ユダヤ人の実態を記したエッセイ集『放浪のユダヤ人』（一九二七）に収められた「小さなユダヤ人の町」の中で、当時のこの

図2　ブロドゥイ（ブロディ）のユダヤ人家族（1916頃）

町の人口が一万八千人で、一万五千人はユダヤ人であると記している（図2）。さらにそのうちの八千人が大小さまざまな小売商人であり、残り七千人は「小規模な手工業者、労働者、水運搬人、学者、文化省の役人、シナゴーグの用務員、書記、トーラの書記、礼拝用肩掛けの職工、医者、弁護士、役人、乞食、公的福祉の援助で食いつないでいる貧乏人、墓堀人、割礼施与者、墓石職人」[1]などの職についていると述べている。

ロートは六歳から十歳まで自宅近くのユダヤ人学校に通ったのち、十一歳からはブロドゥイのルドルフ・ギムナジウムに通い、そこでドイツ語による教育を受けている。ただし、ドイツ語を授業の使用言語とするのは、一九〇五年に入学したロートが最後の学年であった。というのも、翌年からブロドゥイではポーランド語による教育がはじまったからである。ドイツ語と異なる現地言語での教育は、第1部第2章で紹介した一八八〇年におけるターフェ言語令以来、チェコやハンガリーをはじめ、帝国各地でみられた変化である。ブロドゥイという辺境の地においても、ハプスブルク帝国領内における各民族の民族主義の高まりと、ドイツ・ヘゲモニーの崩壊という時代の変化が見て取れる。

ただし、ここで興味深いのは、ロートの歩む経歴がこうした時流とは正反対の方向に向かっていたということである。これは少なからぬ数の東方ユダヤ人がたどった軌跡でもあった。ロートは一九一三年に急速にポーランド化が進んだ州都リヴィウ（ドイツ語名レンベルク、現ウクライナ領）の大学に入学するも、すぐにそれを取りやめ、ウィーン大学でドイツ文学を学ぶことを選択するのである。つまりロートは当時の時代の趨勢に逆らうように、ドイツ文化への強い憧れを維持し続けていたのである。この時代の流れとのずれは辺境の地にあった東方ユダヤ人特有のずれともいえる。たとえば前章で扱ったグスタフ・マーラーの場合、ボヘミア出身の彼がウィーンで学び始めたのは、ロートよりも一世代以上前にあたる一八七五年のことであった。その当時のウィーンの帝国議会はまだドイツ系自由派の勢力が有力であったが、一八七三年に株式市場が暴落して経済的不況に陥るなど、自由主義経済の下で繁栄していた同化ユダヤ人に対して逆風が吹き始めた時期であった。しかし東の辺境の地ではこうした逆風については耳に届かず、もれ伝わるのは西側世界の経済的な豊かさや、ボヘミアやモラヴィア出身の同化ユダヤ人の成功事例ばかりだったのである。ロートは『放浪のユダヤ人』の一篇「西における東方ユダヤ人」の中で、東方ユダヤ人は故郷にいる限り、「平均的ヨーロッパ人の生き方や行動や習慣や世界観を支配している、あの偏見[2]」については何も知らない、と述べている。ロートはウィーンで生活をはじめようとする東方ユダヤ人の例にもれず、まずは「自らの意志でできたゲットー[3]」と呼ばれるウィーン第二区レオポルトシュタットの貧しい通りに住みつく。しかし実際の学生生活は、同じような境遇のほかのユダヤ人の助言や支援がなければ成り立たない[4]ほど悲惨なものだった。ロートは「ウィーンにおける身寄りのない東方ユダヤ人の運命にもまして困難な運命はほかにない[5]」とまで述べている。

ロートがウィーン大学で学びはじめて間もない一九一四年、第一次世界大戦が勃発する。ロートは一九一六年に志願兵として帝国軍に入隊する。チェコ人やハンガリー人など各民族の兵が最終的に帝国軍に反旗を翻すことになる一方で、ユダヤの兵は超民族的な帝国軍に最後まで忠誠を尽くしたといわれている。とはいえ、当時の若きロートは、帝国および皇帝フランツ・ヨーゼフ一世に対する批判的なまなざしを失っていたわけではない。一九一六年に七十年近くにも及ぶ長い治世を行ったフランツ・ヨーゼフ一世が崩御すると、ロートは当時ウィーンに駐屯していたほかの兵士たちとともに葬儀に参列する（図3）。この光景についてロートはさまざまなテクストで振り返っているが、一九二八年に『フランクフルト新聞』に寄稿した「オーストリア＝ハンガリーの使徒たる皇帝陛下」では、「私の幼年時代、青春時代の大半は、この陛下のしばしば無慈悲だった

図3　皇帝フランツ・ヨーゼフ一世の葬列（1916）

皇帝の死を前に——祖国の喪失

栄光のなかにあった[6]」と述べ、皇帝がハプスブルク帝国内の諸民族の独立運動をことごとく鎮圧した事実について当時反感めいた感情を抱いていたことを告白している。皇帝の死についても、「ハプスブルク家の冷たい太陽が消えた。しかしそれはひとつの太陽だったのである[7]」という表現を用いているように、自分の息子たちと呼ぶべき諸民族を自ら反対の陣営へと育て上げた皇帝の功罪について、相反する感情に揺れ動くロート自身の内面を冷静に見つめつつ分析を行っている。ところが、一九三〇年代になると、ロートの老帝に対する批判的なまなざしはすっかり影をひそめてしまう。一九三二年に『フランクフルト新聞』に掲載された「私の小説『ラデツキー行進曲』のまえがき」では、「歴史の残酷な意志が私の年老いた祖国、オーストリア＝ハンガリー君主国を崩壊させたのだった。私はこの祖国の美徳と長所を愛していた。そして国が滅び、失われてしまった今日でもなお、その欠点や弱さをも含めて愛している。そうした欠点や弱点はなんとたくさんあったことだろう。祖国は自らの死を通じてそれを償ったのだ[8]」と、失われたハプスブルク帝国に対する郷愁を惜しげもなく述べ、皇帝に対しても、「彼とともに私たちの故郷も、私たちの青春も、私たちの世界もみまかってしまった」、と皇帝の死があたかも自らの死であるかのように両者を重ね合わせているのである。ロートのこうした心境の変化はどのようにして生じたのであろうか。この「まえがき」で強調されている祖国（Vaterland）へのロートの思いについてはのちほどあらためて触れることにしたい。

ロートの故郷（Heimat）、すなわち生まれ育った町であるブロドゥイは、第一次世界大戦の結果、もはやオーストリアではなく、ポーランドに属することになった。そのためロートも通常であればポーランド国籍となるはずであるが、ロートはドイツ語圏でジャーナリストや作家として活躍することを希望していたこともあり、かつての祖国であるオーストリア国籍にこだわった。そこでサン＝ジェルマン条約で認められていた「旧君主国の旧国民のための国籍選択法」にもとづき一九二一年にウィーンでオーストリア国籍取得の申請をし、周囲の協力により異例の早さで認定を受けている。しかしこれはあくまで例外であって、通常ガリツィア出身の東方ユダヤ人という出自であれば、オーストリア国籍の取得は困難を極めた。(9) サン＝ジェルマン条約においては、オーストリア国籍を選択する根拠として、本籍の所在地で住民の多数者と人種ならびに言語を異にする者であることを示す必要があった。しかし一八六七年に成立したオーストリアの憲法では人種に関する規定は存在せず、ユダヤ人とはあくまで宗教的な帰属意識をもつ人々のことであった。さらにいえば民族とも認めていなかったのである。また一八八〇年以降の国勢調査でも民族的帰属を示す指標として日常使用言語が採用されていたが、東方ユダヤ人が母語としていたイディッシュ語は民族言語としては認められていなかった。第一次世界大戦後ハプスブルク帝国が崩壊し、ドイツ語、ポーランド語、チェコ語など、それぞれを国語とする後継諸国家が誕生したが、イディッシュ語を国語とする国家は生まれなかった。このように第一次世界大戦後の民族自決にもとづいたヨーロッパの国際秩序の中では東方ユダヤ人の存在は宙に浮いてしまっており、実質的にユダヤ人のオーストリア国籍取得を締め出す状況になっていたのである。おそらくそうした事情も反映して、ロートはオーストリア国籍を申請するにあたり、自らの出生地を、明らかにユダヤ人居住区を想起させるブロドゥイから、ブロドゥイ近郊のシュヴァビという、ドイツ南部のシュヴァーベンを想起させる名称へと変更していたことが判明している。(10)

世界市民の祖国

一九二〇年以降、ロートはジャーナリストとしてヨーロッパ各地をめぐり、ベルリン、フランクフルト、ライプツィヒ、プラハ、ミュンヘン、パリなどヨーロッパ各都市の新聞・雑誌に記事や紀行文を寄稿するようになる。そこで彼が拠点としたのは、ウィーンではなくベルリンであった。その背景として、かつて大帝国の首都であったウィーンが一小国の首都へ転落することで、ウィーンの価値が相対的に低下したこと、対照的にベルリンが「黄金の二〇年代」と称されるほど文化的に繁栄を極めたことがあげられる。一九二二年にはロートはベルリンで知り合った恋人フリーデリケ・ライヒラーと結婚している。第一次世界大戦から帰還した若き兵士の喪失感を描いた初期の代表作である『サヴォイ・ホテル』（一九二四）が生まれたのもこの時期である。しかしロートのベルリン時代は長くは続かなかった。ドイツ・ナショナリズムを背景とする、ウィーン以上の反ユダヤ主義があったからである。「東方ユダヤ人は誰ひとりとして自ら進んでベルリンに行きはしない。この世のいったい誰が自ら進んでベルリンへやって来るだろうか」とロートは辛辣な調子で述べている。「ベルリンの刑事警察には家宅捜索を繰り返し行う権限がある。彼らは街頭でも書類を調べる。インフレのときにはこうしたことが頻繁にあった」[11]。とりわけ一九二五年にワイマール共和国の初代大統領フリードリヒ・エーベルトが死去し、超保守派のパウル・フォン・ヒンデンブルクが後継大統領選挙に勝利すると、ロートは「この選挙の後に何が続くか、僕にはわかる」[12]と述べ、ベルリンを去る。ヒンデンブルクがこののち、一九三三年にアドルフ・ヒトラーを首相に任命することになるのは周知のとおりである。

ロートは同じ年の一九二五年、フランクフルト新聞の特派員としてはじめてフランス・パリを訪れ、感激する。そしてパリをウィーン、ベルリンに代わる多民族的な「世界都市」と認め、終の棲家とする。ロートは「パリは真の意味での世界都市である。ウィーンはかつてそうだった。ベルリンはいつかはじめてそうなるであろう」[13]という言葉を残している。ロートはパリに住みつつ、ユダヤ人を弾圧しつづけるナチス＝ドイツに、ナショナリズムが行き着いた果ての野獣性を嗅ぎとる。オーストリアの劇作家フランツ・グリルパルツァーを論じた一九三七年のエッセイの中で、ロートは「ヒューマニズムからナショナリズムを経由して野獣性へ」というグリルパルツァーの有名な言葉を引用し、「エラスムスからルター、フリードリヒ二世、ナポレオン、ビスマルクを経由して今日のヨーロッパの独裁者へ(14)」と至る過程を分析している。

異国での生活を続ける「さまよえる永遠のユダヤ人」ロートにとって、かつての故郷ハプスブルク帝国時代への憧憬が次第に強まっていったことは不思議ではない。『オーストリア文学とハプスブルク神話』（一九六三）の著者クラウディオ・マグリスは、「この時期のロートは、よりはっきりと、よりまっすぐに、消滅したばかりの過去であるオーストリア＝ハンガリーの時代に戻っていく(15)」と述べている。彼を昨日の世界へと駆り立てたのはさまざまな要因が考えられるが、ナチズムの台頭とその脅威がもたらした衝撃が決定的だったのは確かである。「事実、ハプスブルクの幸福な時代——その終結によってデモーニッシュな諸力が解き放たれたのだが——へのロートの憧れに満ちた回帰は、ナチスの脅威が広がるにしたがってますます強まった(16)」。ロートの伝記を書いたニュルンベルガーも、第一次世界大戦前のウィーンで学生だった頃のロートは、まだ愛国的なオーストリアの理念を必要とはしていなかったが、「祖国を失った作家として、とくに亡命生活の中で、彼はますます強くこの理念に取り憑かれるようになった。結局のところ、彼自身がこの理念を生み出すのに手を貸したのである(17)」と説明している。

その背景を考察するうえで、ロートにとっての「祖国（Varterland）」とは何だったのかをあらためて考えてみたい。すでに述べたように、彼が一九三二年に書いた「私の小説『ラデツキー行進曲』のまえがき」では、祖国であるオーストリア＝ハンガリー君主国への愛が繰り返し語られている。この箇所を「祖国」という言葉に注意して読んでみると、ロートは、祖国こそが「自分が愛国者であると同時に世界市民」であること、「オーストリアのすべての民族の中でオーストリア人であり、かつドイツ人である」[18]ことを許してくれたのだと書いている。帝国の公用語であったドイツ語による教育を受け、ドイツ文化に対する憧れを保ち続けた同化ユダヤ人であるロートにとって、自らをドイツ人と見なして生きるということは、個々の民族的な枠組みを超えた存在になることであった。またロートにとってオーストリア人として祖国を愛するとは、まさにこの国や民族を超えたコスモポリタン（世界市民）であろうとすることにほかならない。とはいえ、ロートの思い描くドイツ＝世界市民という考え方自体が、そもそも時代の流れの中でほころびを生じさせていた。一九一六年に諸民族の「父（Vater）」たる皇帝が死去し、その後オーストリア＝ハンガリー君主国が瓦解し、それぞれの民族を中心とする小国が次々と生まれることによって、ロートにとっての「祖国」は失われたわけであるが、それとともに、いやそれ以上にロートを打ちのめしたのは、自らを「世界市民」へと育て上げてくれた「ゲーテとシラーの、学習意欲のあるユダヤの若者であればだれだってよく知っているあのドイツ詩人たちの国」[19]であったはずのドイツが、ナチズムという野獣性を帯びたナショナリズムにより取り返しのつかない姿へと変貌してしまったこと、そしてそれにより、彼の精神的な祖国までもが失われてしまったことではないだろうか。

『ラデツキー行進曲』

最後にロートの代表作である『ラデツキー行進曲』（一九三二）について触れておきたい。皇帝フランツ・ヨーゼフ一世に三代にわたって仕えたという設定で描かれるトロッタ一族の物語である。スロヴェニア出身のヨーゼフ・トロッタ少尉は、一八五九年のソルフェリーノの戦いの際に、戦場で皇帝を狙ったイタリア軍の銃弾を代わりに受け、皇帝の命を救った。このために少尉は男爵に叙され、「ソルフェリーノの英雄」として小学校の教科書にも取り上げられるようになる。しかしその英雄譚が事実とあまりにかけ離れたものだったために、ヨーゼフ・トロッタは皇帝に記述の削除を願い出、彼自身は軍を退いてボヘミアの農民となる。息子のフランツ・フォン・トロッタも父の意向により軍人とはならず、モラヴィアの郡長になるが、トロッタ家が「ソルフェリーノの英雄」を輩出した家系として常に皇帝の特別な恩寵を受けているという意識を忘れずにいた。しかしヨーゼフ・トロッタの孫にあたるカール・ヨーゼフの代になると、あまりにも長い治世を続ける皇帝の存在は、ほとんど壁にかかる肖像画程度にしか思い起こされなくなる。カール・ヨーゼフ自身、祖父の栄光により槍騎兵隊に配属させられ、少尉の位を得るも、凡庸で消極的な性格によって、連隊付き軍医で友人のマックス・デーマントを決闘の場で落命させ、上官の借金の肩代わりをし、年上の貴婦人フォン・タウスイヒ夫人におぼれることで取り返しのつかないほど膨らんだ借金をかかえ、また「九十度」と呼ばれる酒におぼれていく。開戦間際に上官に暴言を吐き、軍を去ることになったカール・ヨーゼフは、第一次世界大戦でふたたび戦地に立つものの、東部戦線でバケツの水を運ぼうとしてコサック兵の銃弾に倒れるという極めて屈辱的な最期を迎える。カールの父フォン・トロッタは、同じ時期に世を去った皇帝と息子の死を重ね合わせ、帝国の没落を感じつつ追悼の涙を流す。

この作品ではカール・ヨーゼフのみならず、賭けトランプで自殺に追い込まれるヴァーグナー大尉をはじめ、堕落した軍人の姿が多く登場する。その背景は東部国境の土地貴族ホイニツキ伯爵のいう「時代はもはやわれわれを求めていない[20]」という言葉に集約される。軍隊も役人も、生きながらにして崩壊してしまっているのである。「新しい宗教とは民族主義[21]」であり、神の使徒たる皇帝による超民族国家はもはや時代遅れなのである。生命よりも名誉の方が大事だったかつての軍隊秩序をはじめ、それまで大事にされてきた習慣や名誉といった価値観は、その威光を失い、形骸化する。

しかしその新しい宗教である民族主義の行きつく先が野蛮であるからこそ、その形骸化した過去の世界に自らの追憶の念を注ぎ込むのである。自らを帝国の運命に重ねようとした一九三〇年代のロートの心情とはそうしたものであろう。晩年のロートは反ナショナリズム・超民族主義の象徴として王制秩序の復古を望むようになる。一九三八年三月にナチス＝

ドイツがオーストリアの合邦を行った際も、ロートはそれを阻止すべく、ハプスブルク帝国最後の皇帝カール一世の息子オットー・フォン・ハプスブルクの了解を得てウィーンへ向かっている。王権復古をもって合邦を阻止しようともくろむが、「所詮はむなしいドン・キホーテ的行為[22]」にすぎず、あえなく失敗に終わる。ウィーンに到着したロートが目の当たりにしたのは、新王宮前のヘルデンプラッツ（英雄広場）で演説をするアドルフ・ヒトラーと、それを熱狂的に迎え入れるウィーン市民の姿だったからである。ロートは合邦のショックから立ち直れず、かねてから手放せなくなっていたアブサンなどの強い酒を飲み続け、一九三九年に最後の作品『聖なる酔っぱらいの伝説』を出版したのち、パリのホテルにあるカフェで倒れ、そののち死去する。友人のシュテファン・ツヴァイクに宛てた手紙にはロートの次のような言葉が残っている。「アルコールは確かに命を縮めもしますが、目の前にある死をも阻止してくれると言いたいのです。そしてわたしにとって大切なのは、生命（いのち）をのばすことではなくて、目の前の死を阻止することなのです[23]」。

すでに述べたように、文化の中心的担い手であったはずのユダヤ人は、二十世紀半ばにはその多くが中央ヨーロッパから姿を消した。その意味で現代の中欧とは、かつての中欧と根本的に異なった世界なのである。ロートが述べた「目の前の死」、それは自らがかつて暮らし、そして過去となりながらも郷愁のまなざしで見つめていたオーストリアそれ自体の死にほかならなかった。

第3部
オーストリア人の自国感情

第1章　オーストリアとは？
――どうにかこうにかやっていく

はじめに

本書の第1部で触れたように、ハプスブルク帝国においてチェコ系住民の多くは、一六二〇年のビーラー・ホラ（白山）の戦いでの敗北以降にドイツ化が進んだが、十九世紀の民族復興運動を経て、最終的には脱ドイツ、脱ハプスブルク、そして民族国家の樹立へと歩み出していった。その一方、第2部で紹介したように、長い歴史の中で宗教的迫害を受けてきたユダヤ系住民は、ドイツ化を進めることによって、十九世紀のオーストリアで成立した自由主義社会の中で躍進する。彼らは帝国が解体し、民族主義や反ユダヤ主義の嵐が吹き荒れたヨーロッパ世界において居場所を失うと、ヨーゼフ・ロートにおいて顕著だったように、かつての祖国に対し、民族対立が激化していたという現実があったにもかかわらず、あたかも民族協調が成立していたかのように郷愁を抱くようになる。このように、ドイツ化せざるを得なかったという点ではチェコ系住民とユダヤ系住民は共通していたが、それぞれ異なるベクトルに向かっていったわけである。たとえばオーストリア＝ハンガリーのチェコ系市民がドイツ系市民のヘゲモニーから逃れ、民族の独立を実現するにあたって重要だったのが、チェコ語を公用語として認めた一八八〇年のターフェ・シュトレーマイルの言語令であったが、それは結果的に各民族のナショナリズムをあおることとなり、結果的にドイツ文化へ同化したユダヤ人が社会的に迫害を受ける要因となっていく。つまり、同じ中央ヨーロッパという空間にはつねに異なる立場が併存しており、そのことに目を向けていく必要がある。

以上のことをふまえつつ第3部で取り上げたいのは、ハプスブルク帝国から離反していくチェコ人でも、その後のオーストリア共和国から追放されていくユダヤ人でもない、ハプスブルク帝国やオーストリアに留まることになったドイツ系住民である。彼らは民族的にも言語的にもドイツに住むドイツ人と変わらないにもかかわらず、第一次世界大戦以降「ドイツ人」とは区別された「オーストリア人」として生きることになる。このとき、彼らにとって自らのアイデンティティを形成することになる「オーストリア」とは何なのかについてはじめに考えてみたい。結論を先に述べるならば、そこにはチェコ人、ユダヤ人、あるいはドイツでドイツ語を話すドイツ人とも異なる、ドイツ系オーストリア人ならではの存在論的な問題があったのである。

オーストリアとは？

オーストリア（Österreich）とはドイツ語で「東（Ost）」の「帝国（Reich）」という程度の意味であるが、この名称の語源は、当時バーベンベルク家の支配下にあったメルクやクレムスを中心とするドナウ川流域の地域の呼び名に由来する。九九六年、神聖ローマ皇帝オットー三世の時代に出された文書の中に、当時民衆の言葉であった中世ドイツ語で「オスタリキ（Ostarrîchi）」の表記があり、これが現存する「オーストリア」の名称にまつわる最古の記録とされている。[1]このときのrîchiとは「帝国」というよりは、当地を支配していた貴族の「領地」という意味である。一九九六年にはこの呼び名が歴史に登場して千年を祝う式典が盛大に行われ、[2]二〇一九年の建国記念日には現在のウィーンのオーストリア歴史館でこの古文書が一般向けに公開された。[3]とはいえ、千年前に現在のオーストリアの起源となる帝国が建国されたわけではない。にもかかわらず本来「東の領地」という意味でしかない「オスタリキ」という名称を盛大に祝わざるを得ないところに、オーストリアという国をめぐる複雑さの一端が垣間見えよう。

バーベンベルク家はその後も領地を広げ、十一世紀にはウィーンを含むこの東の領地が「オーストリア公領」として認められた（図1）。バーベンベルク家はさらに現在のオーストリアの一部を構成することになるシュタイアーマルク公領も手に入れるが、一二四六年にハンガリーとの戦いで断絶してしまう。するとこの東の地をめぐって紛争がはじまる。さしあたりこの地の支配権を握ったのはチェコ王（プシェミスル朝）のオタカル（オットカル）二世であった。彼はプラハを中心にすえ、オーストリア、シュタイアーマルク、およびケルンテンを支配し、当時大空位時代を迎えていた神聖ローマ皇帝（ドイツ王）の座を狙うが、帝国諸侯やローマ教皇はオタカルのような強力な君主の出現を望まず、一二七三年、当時ライン川上流（現スイス）に領地をもつ地方領主に過ぎなかったハプスブルク家のルドルフ一世（一二一八～一二九一）を擁

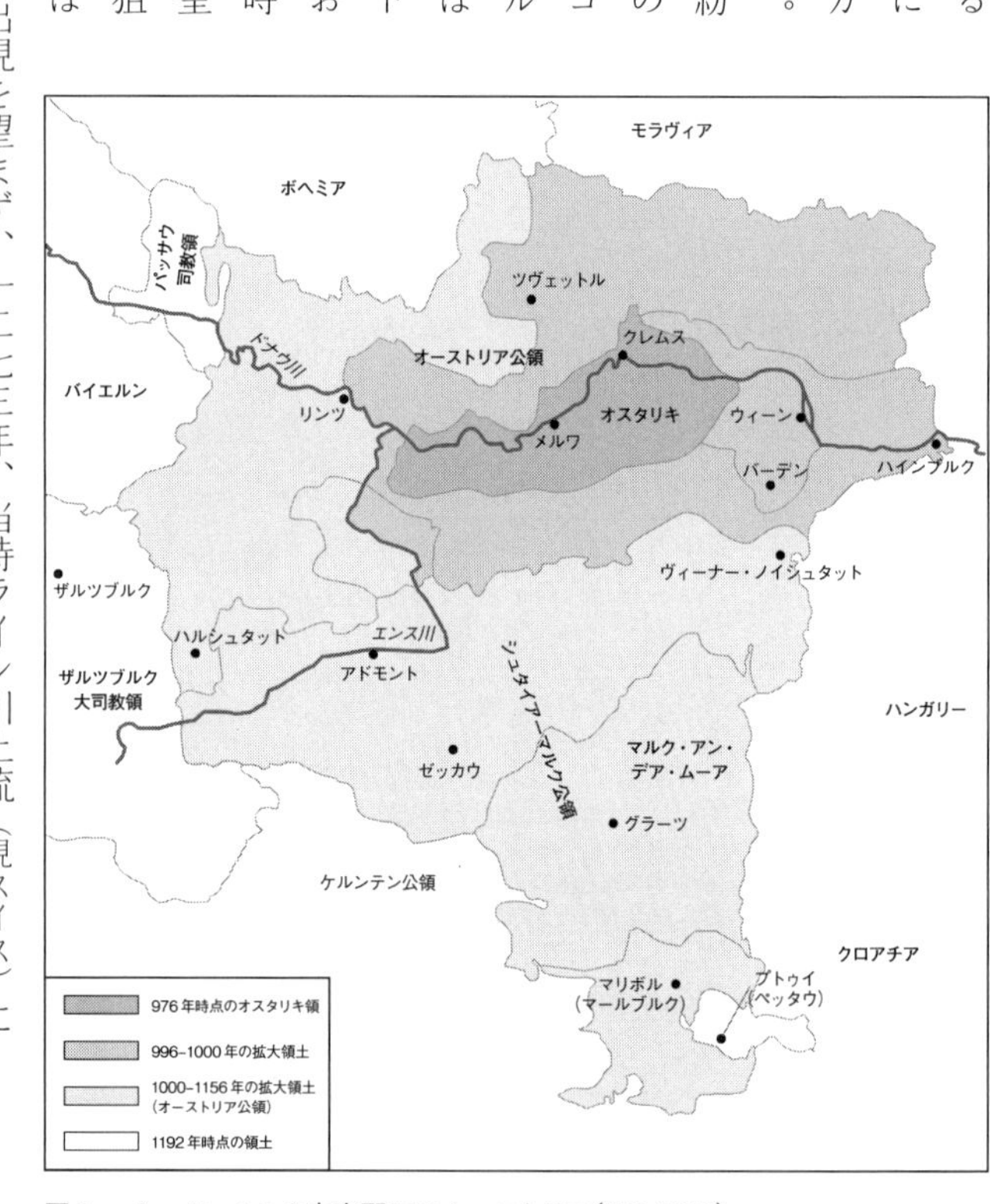

図１　バーベンベルク家支配下のオーストリア(976-1246)

立した。するとルドルフは諸侯を率いて一二七六年にウィーンに進軍するとオタカルを破り、チェコからオーストリア、シュタイアーマルク、ケルンテンを奪還する。これ以降ハプスブルク家はウィーンを拠点にオーストリアおよび周辺諸邦の地を支配することとなる。ハプスブルク家はその後も領地をさらに拡大させ、一四五二年にフリードリヒ五世がローマで皇帝フリードリヒ三世として戴冠して以後は神聖ローマ皇帝の座を世襲していくことになる。

とはいえ、神聖ローマ帝国＝ハプスブルク帝国ではない。神聖ローマ帝国は一五一二年に「ドイツ国民の神聖ローマ帝国」と国号を改めたことからも明らかなように、ドイツの諸王国や諸邦の緩やかな連合体であり、ハプスブルク家の拠点となったオーストリア諸邦も帝国の一部に過ぎなかった。ただしハプスブルク家はドイツ人が多数を占めるオーストリア諸邦に加えて非ドイツ系の地域にも広大な領土を有していた。絶頂期の皇帝カール五世の時代には、スペイン、ネーデルラントから新大陸、アジアにまで至る文字通りの世界帝国を形成していた。その意味でハプスブルク帝国＝オーストリアというわけでもないのである。このハプスブルク帝国がのちのオーストリア帝国としてまとまるまでには、一五二六年にカール五世の弟であるフェルディナント一世がチェコとハンガリーの王位を継承し、さらにカール五世の退位後にスペイン＝ハプスブルク家と分かれて支配を行うようになるなど、さまざまな紆余曲折を経ているのである。

多民族か、ドイツか

一八〇六年、神聖ローマ帝国はナポレオンにより解体された。最後の皇帝フランツ二世は、先立つこと二年前の一八〇四年に自らオーストリア皇帝フランツ一世を名乗り、オーストリア帝国を樹立している。この帝国は、神聖ローマ帝国の双頭の鷲の国章こそ受け継いだものの、その領土はその後のドイツを形成することになる諸王国や諸邦は含まず、あくまでオーストリア諸邦やチェコやハンガリーを中心としたハプスブルク家領のみで構成されていた。それまであいまいな形で併存していたハプスブルク家の諸王国や諸邦は、ここではじめて一律にオーストリアの名で呼ばれることになる。

オーストリア皇帝（Kaiser）は支配下のそれぞれの王国の国王（König）として治世を行ったが、このような国家体制を**kaiserlich-königlich**（帝＝王の）、略して**k. k.** と呼ぶ。しかし十九世紀のナショナリズムの時代にハプスブルク家という王朝による支配はもはや時代遅れだった。一八一四年にナポレオンが失脚すると、オーストリア帝国はウィーン会議を主宰し、神聖ローマ帝国の実質的な後継であるドイツ連邦に所属しながら自らの帝国を維持することになる。このときのオーストリアは、いわばふたつの矛盾した帰属意識をもっていた。つまり、ドイツ民族の統一を図ろうとするドイツ連邦への帰属意識と、オーストリア帝国というハプスブルク家領に根差した中世的封建的秩序にもとづく多民族国家への帰属意識である。ドイツ統一にあたってオーストリアが提示した「大ドイツ主義」とは、こうした矛盾を抱えたオーストリアが神聖ローマ帝国解体後も引き続きドイツ連邦の盟主としての立場を維持するために持ち出した主義にほかならない。しかし結局ドイツは、「小ドイツ主義」を唱えるプロイセンを中心に、多民族を抱えるオーストリアを排除する形で民族国家としての形を整えていくことになる。

矛盾を抱えたオーストリア自体にもほころびが生まれていた。「諸民族の春」と呼ばれた一八四八年、オーストリアの構成国であったハンガリーは帝国とは別に自立した議会制内閣を要求し、独立を企てる。同じような民族運動はイタリアやチェコをはじめ各地で盛んになる。この時はフランツ・ヨーゼフ一世率いる帝国軍が各地の民族運動を圧えこんだが、帝国の弱体化は免れなかった。オーストリアは第2部第4章でも紹介した一八五九年のソルフェリーノの戦いで北イタリアを失うと、さらに一八六六年のプロイセン＝オーストリア（普墺）戦争に敗れて統一ドイツ構想からはじき出される。その結果、翌年の一八六七年、ハンガリーに実質的な自治を認める「アウスグライヒ（妥協）」という帝国体制の再編を余儀なくされる。こうして生まれたのが、「オーストリア＝ハンガリー」とよばれる新たな矛盾を内包した二重君主国である。

カカーニエン

オーストリア＝ハンガリー君主国（図2）は、従来の行政機構（k. k.）を維持した「帝国議会に代表を送る諸王国と諸邦（いわゆるオーストリア）」と、独自の議会をもつ「聖イシュトヴァーン王冠の諸邦（ハンガリー）」からなる同君連合である。ただし、その連合のあり方については双方で見解が異なった。オーストリア側は諸王国や諸邦の上位に位置する帝国、という中世以来の国家体制の維持にこだわっていた。そのため帝国からハンガリーを除いた地域を「オーストリア」とひとつの国のように名づけるのには消極的で、あくまで帝国の一部にすぎないことを強

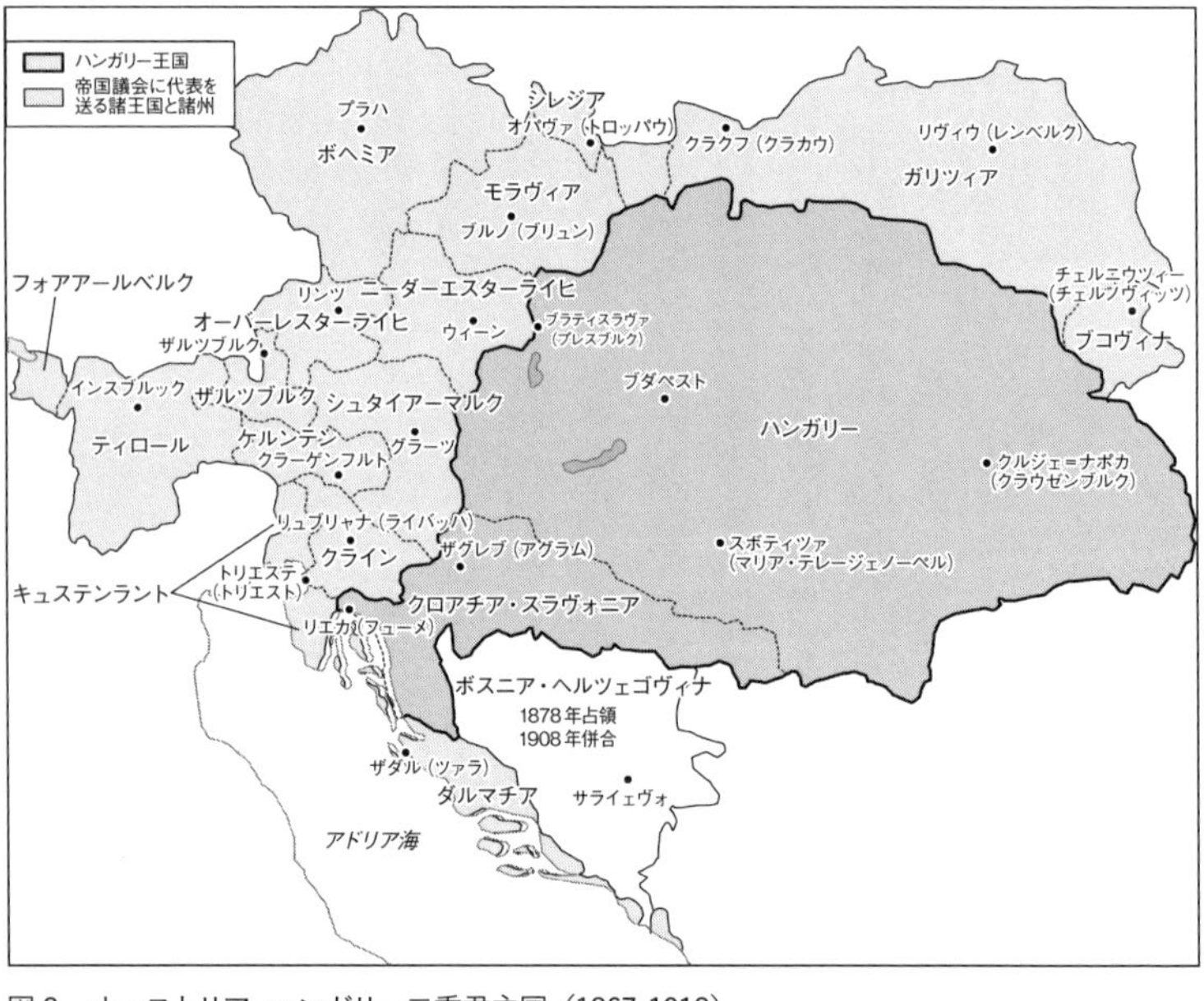

図2　オーストリア＝ハンガリー二重君主国（1867-1918）

調しようとした。そのためこの地域は「帝国議会に代表を送る諸王国と諸邦」であるとか「ライタ川のこちら側」という呼び方しかされなかった。一方ハンガリー側は民族主義的な観点からオーストリア帝国とハンガリー王国を分離したうえで、帝国（オーストリア側）と王国（ハンガリー側）との対等な同君連合を要求していた。その結果、二重君主国を示す表記として、「k. k.」とは異なる「k. u. k.」、すなわちkaiserlich und königlich（皇帝にして国王の）という、皇帝と国王を併置した表記が生まれることになった。しかし両者の明確な区別は、当の住人であっても極めて困難であった。

この奇妙な国家体制への移行は、当時のオーストリアにおけるドイツ系住民の自国感情に深刻な影響をおよぼした。この点について、オーストリアの作家ローベルト・ムージル（Robert Musil, 一八八〇〜一九四二）（図3）が代表作である『特性のない男』（第一巻一九三〇／第二巻は未完）で「カカーニエン（Kakanien）」という、皇帝（Kaiser）と国王（König）の頭文字K（カー）を組み合わせた二重君主国を表す造語を用いて説明している。ムージ

図3　ローベルト・ムージル

ルによると、一八六七年にオーストリアという国号を廃してオーストリア＝ハンガリーとして以来、君主国の住人は公には自らを「オーストリア人」とは呼べなくなってしまった。あえて呼ぶならば「オーストリア＝ハンガリー人」だったが、ハンガリー側の住人が自らのことをハンガリー人と呼ぶようになってしまった以上、残りの領域に住む「オーストリア＝ハンガリー・マイナス・ハンガリー」の人々は、自らを呼ぶ適切な名称を失ってしまったのである。自らを回りくどく「帝国議会に代表を送る諸王国と諸邦出身の人間」、と呼ぶわけにもいかず、彼らはしたがって、私はポーランド人であるとか、チェコ人、イタリア人、スロヴェニア人、クロアチア人などと、帰属する民族にもとづいた呼び方をするようになった。ムージルによれば、この変化こそがナショナリズムの時代の到来を示している。これまで慣習的に用いていた「オーストリア人」の名称が、ナショナリズムの時代が到来したことによってその内実を失い、帝国のある種の住民は自らを示す適切な表現を見出せなくなったのである。この「言語の欠陥[4]」によって生じたアイデンティティの危機がとりわけ深刻だったのが、民族や言語という枠組みで自らを位置づけられなかった当時のオーストリアのユダヤ系住民であり、そしてドイツという民族国家から排除されたドイツ系住民であった。

フォルトヴルステルン

ムージルはさらに次のように述べている。「カカーニエンは憲法に従い自由主義であったが、カトリック教会によって統治されていた。カトリック教会によって統治されてはいたが、自由思想で暮らしていた。すべての市民は法の前で平等だったが、みながみな市民であるわけではなかった。国会もあったが、その自由をむりやり行使したので、たいてい閉会されたままだった。しかし緊急事態条項というものがあり、それを用いることで国会がなくてもなんとかなっていた。そしてみなが絶対主義を謳歌し始めると、そのたびに王冠が命令を下して、ふたたび議会主義にもとづいて統治せよというのであった。この国ではこの手の出来事がたくさんあった。そのうちのひとつが、あの民族間の争いであった。当時ヨーロッパ中の関心を当然のように引き寄せたが、今日ではまったく誤って伝えられている。この争いのために年に何度も国家が機能不全に陥るほど激烈なものだったが、その争いと争いのあいだの時間や国家機関の休息時には、人々は極めて仲よくし、まるで何もなかったかのように振舞った。そしてそれはただうわべだけのことだったのである[5]」。

ここでのムージルの記述は、オーストリアの政治体制が一八六七年を境に皇帝フランツ・ヨーゼフ一世による絶対主義から立憲君主制へと移行し、それとともにドイツ系自由派が議会で影響力をもちながらも、ハンガリーのような恩恵を得られなかったチェコ人が議会をボイコットするなど、次第に民族問題が激化する中で政治的に混迷を極めていった過程をなぞっている。ムージルが『特性のない男』で描きだしているように、オーストリア＝ハンガ

図4　ヨハン・シュトラウス二世

リーにおいては、さまざまな立場が対立・矛盾したまま膠着状態に陥り、身動きが取れなくなっていた。その過程と歩調を合わせるかのように、ウィーン方言で「フォルトヴルステルン（fortwursteln）」といわれる統治方法があたかも「国家の基本方針[6]」であるかのように浸透していく。この言葉は「解決を先延ばしにして、どうにかこうにかやっていく」、というぐらいの意味である。その背景には、対立や矛盾の解決にいったんまともに取り組めばすぐさま帝国が解体しかねない、という恐れからくる一種の現実逃避が見てとれる。いずれにせよ「賢明でみごとな静力学[7]」と呼ばれる絶妙なバランス感覚によって、立場や意見の相違をすり合わせることをあえてせず、その違いは違いとして併存させておく[8]「念入りな自堕落さ（シュランペライ[9]）」とでも呼ぶべき、いかにもオーストリアらしい官僚主義的な精神傾向を生み出すことになった。この精神傾向においては一見すべてが軽やかに、「まるで何もなかったかのよう」であったが、それはただうわべだけのことであり、その裏側に深刻な憂鬱を隠していたのであった。

オペレッタ『こうもり』

ポール・ホフマンは「フォルトヴルステルン」と呼ばれる統治方法は、国政の問題以外にもウィーン人がいつも応用する方法であったと述べている。「かくして、不満たらたらの使用人は、いつも彼の上司への弁明に追われ、顧客の機嫌を取ろうとするが、めったに自分本来の仕事に手をつけようとはしない。細君は、夫の不実に目をつむり、離婚を切り出すことよりも、自分の用心深い情事によって慰めを得る。はっきりした決定の回避とあいまいな主張は典型的なウィーン人の戦術である」[10]。憂鬱な気分にひたりながらもそれをつかのま忘れ、目の前の問題に目をつぶって美的趣味や享楽に身をゆだねようとする当時のオーストリア、とりわけウィーンの人々の気質にぴったり合ったのが、十九世紀のウィーンで活躍したヨハン・シュトラウス二世（Johann Strauss II.，一八二五～一八九九）（図4）による数々のワルツやオペレッタの世界だった。なかでも一八七四年――つまり前年にウィーンで万国博覧会が開催され、その直後経済的に大不況に陥った時期である――に初演されたオペレッタ『こうもり（Die Fledermaus）』は、現在ではオーストリアの年末年始の定番演目である。

時は大晦日、舞台はオーストリアの温泉地バート・イシュルである。以前、ある仮装舞踏会の帰りに、アイゼンシュタインは酔っぱらった友人ファルケ博士を「こうもり姿」のまま道ばたに置き去りにした。それ以来、ファルケはみんなから「こうもり」と呼ばれていて、いつかアイゼンシュタインに仕返しをしたいと考えていた。大晦日のこの日、アイゼンシュタインは公務員を侮辱した罪で、短期間刑務所に入らなければならなくなる。そこへファルケ博士が登場し、楽しいパーティがあるから、刑務所に入る前に遊びに行こうと誘う。喜んだアイゼンシュタインが出かけた後、家に残された妻ロザリンデのところに、かつての恋人、アルフレートがやって来る。いまさら、とロザリンデが迷惑がっていると、アルフレートは次のような一節を繰り返す。「幸せなのは、もうどうにも変えようがないことを忘れられる人のことだよ（Glücklich ist, wer vergisst, was nicht mehr zu ändern ist）」。ロザリンデはいつしかアルフレートに寄り添い、同じ言葉を繰り返す。忘れること、それが幸福だと。

舞台では、勘違いをした刑務所長によって、アルフレートがアイゼンシュタインの代わりに連行されてしまう。一方、当のアイゼンシュタインがパーティにやって来てみると、仮面を付けた美しいハンガリー貴婦人の姿が目にとまる。彼は夢中になって口説こうとするが、実はこの貴婦人の正体は彼の妻ロザリンデ。すべてはファルケ博士が仕組んだことだった。ロザリンデは口説かれるふりをしながら、アイゼンシュタインの懐中時計を奪う。これが浮気の動かぬ証拠となる。元日の早朝。酔いも残るアイゼンシュタインが刑務所に出頭してみると、すでに見知らぬ男、つまりアルフレートが自分の代わりに牢屋に入っている。アイゼンシュタインは弁護士に変装して様子をうかがっていると、そこにロザリンデがやって来て、アルフレートを牢から出してほしいとアイゼンシュタイン扮する弁護士に相談を始める。怒ったアイゼンシュタインが正体を明かし、浮気した妻を責め立てると、ロザリンデは昨夜奪った彼の懐中時計を見せる。頭を抱えるアイゼンシュタイン。そこへファルケ博士がパーティの参加者とともに現れ、すべては自分の仕組んだ芝居だったのだよ、と種明かしをする。

最後は夫の浮気も、妻の浮気もうやむやになって、すべてはお酒のせい、「シャンパン万歳！」で華々しく舞台は幕を閉じる。すべてを忘れて享楽に身をゆだねようとする舞台上の登場人物たちの姿は、オーストリアの観客たちに大いに受け入れられたが、これも破局を目の前に控えた最後のひと花だったといえよう。オーストリア＝ハンガリーの国政も、いつまでものんべんだらりと解決を後回しにするわけにもいかなくなる。一九一四年、帝位継承者フランツ・フェルディナント大公が、ボスニア出身のセルビア人民族主義者ガヴリオ・プリンツィプにサライェヴォで銃殺される。フランツ・フェルディナントはこれまでのハンガリーとの二重君主国を解消し、スロヴェニア、クロアチア、それに一九〇八年に併合したボスニア・ヘルツェゴヴィナをあわせて南スラヴとし、新たに三重君主国へと再編する構想を抱いていた。これがセルビアのナショナリズム（大セルビア主義）とぶつかり合うことになったのである。オーストリア＝ハンガリーがセルビアに宣戦布告することではじまった第一次世界大戦では、それまで先送りにしてきたさまざまな矛盾が噴出することになった。それはすなわちオーストリア＝ハンガリーの解体の始まりでもあった。

第2章　「誰も望まなかった国」とその帰結

誰も望まなかった国

第2章では第一次世界大戦によってオーストリア＝ハンガリー君主国が崩壊した後に成立したオーストリア共和国を中心に考察する。諸民族が次々と離反・独立し、人口七百万人程度の小国として再スタートを切ることになったオーストリア、そしてそこに暮らすドイツ系オーストリア人は、さまざまな立場からアイデンティティの問い直しを迫られることになる。本章では主に一九一〇年後半から二〇年代にかけて検討された「オーストリア的なもの」をめぐる議論と、そののちドイツ・ナショナリズムのうねりに飲み込まれるようにナチス＝ドイツを熱狂的に受け入れ、国家自体が消滅することになった一九三〇年代の状況を取り上げる。

一九一八年一月、アメリカ合衆国大統領ウィルソンは、連合国側の一員として第一次世界大戦の講和や、大戦後の国際秩序の構想を十四カ条にまとめて提唱した。彼はこの中で、民族自決の原則を打ち出した。同年の夏から秋にかけてドイツおよびオーストリアが敗戦を重ねる中、ハプスブルク帝国領内における諸民族の分離・独立運動は急速に進んだ。この段階でチェコスロヴァキアをはじめとする継承国家の独立と、オーストリア＝ハンガリー君主国の解体は既成事実化していたのである。そうした中で、取り残されたドイツ系オーストリア人の中でも新たに独立国家を作ろうとする動きが現れはじめた。十月二十一日、帝国議会の社会民主党を中心とするドイツ系議員が「ドイツ系オーストリア（Deutschösterreich）」（図1）の独立を宣言し、臨時国民議会を組織する。その後議会は暫定憲法を採択し、社会民主党のカール・レンナーが首相に、ヴィクトル・アードラーが外相となることが認められた。十一月十一日、

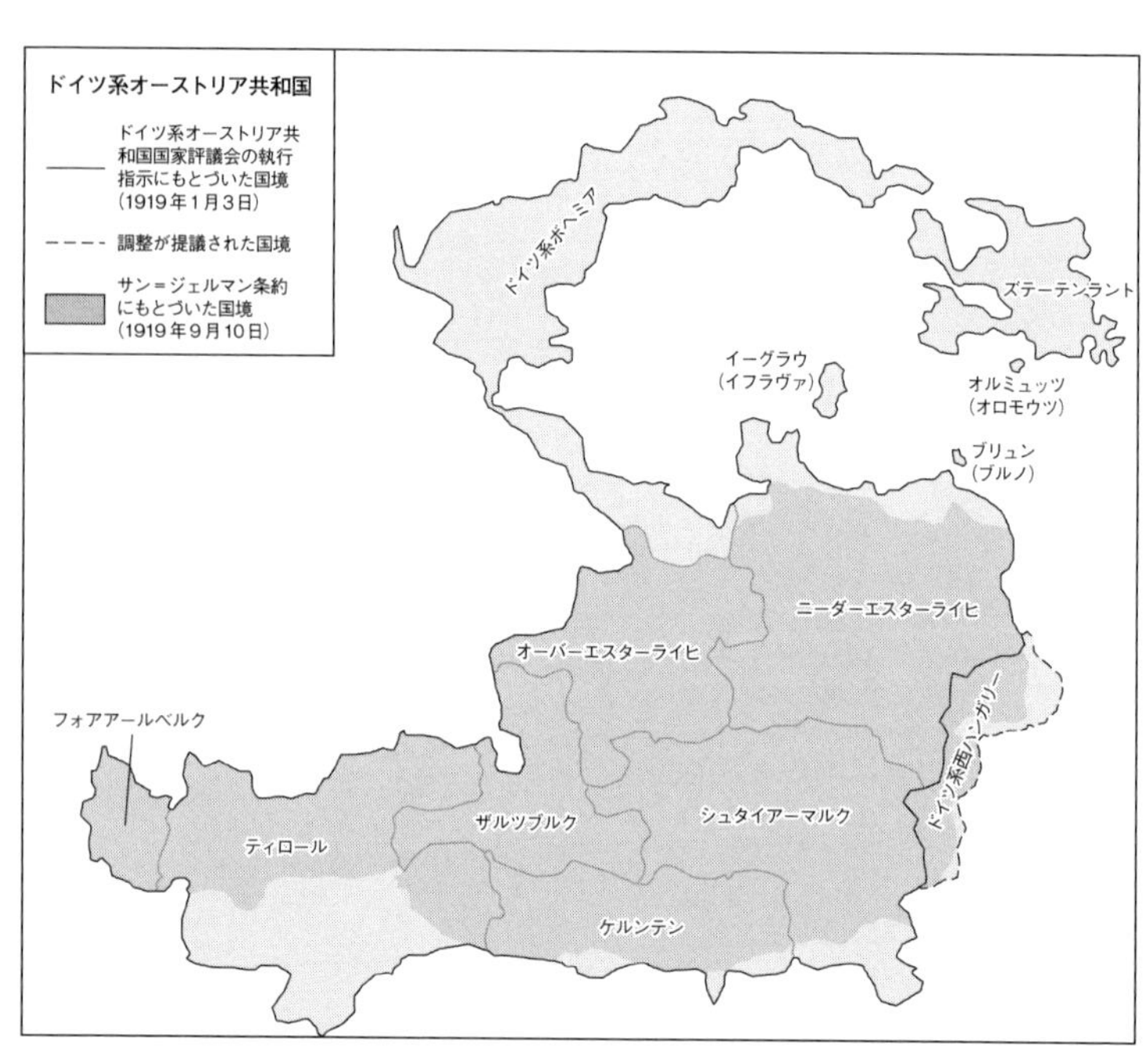

図1　ドイツ系オーストリア（1918-1919）

ハプスブルク家最後の皇帝カール一世は国事不関与の声明を出し、ウィーンを去る。翌十二日の臨時国民議会による共和国宣言によって、六五〇年近く続いたハプスブルク家による政治的支配はついに終わりを告げた。臨時政府はウィルソンの十四カ条にもとづいて民族自決権を要求し、新たに成立したドイツ共和国への「合邦（Anschluss）」、すなわちドイツの一領邦となることを決議した。この背景には、ハンガリーの肥沃な大地やチェコの工業地域を失って経済的自立が困難なうえに、さらに戦後のインフレーションによって生活事情が大きな打撃を受け、オーストリア単独では生存不可能とみなされたからである。[1]しかし合邦は実現しなかった。ドイツの国力増強を恐れるフランスの強い反対があったためである。一九一九年、連合国側が起草したサン＝ジェルマン条約は、チェコスロヴァキア、ハンガリー、ポーランド、セルビア・クロアチア・スロヴェニア王国（のちのユーゴスラヴィア）の独立を承認する一方、旧ハプスブルク帝国の「残り物」[2]が将来のドイツへの合邦を見越して国名を「ドイツ系オーストリア」とするのを認めず、あくまでドイツとは切り離された「オーストリア」とすることによって、ドイツへの合邦をはっきりと禁じたのだった。[3]その結果、国の大半をドイツ人が占めるも、ドイツとしてのアイデンティティを奪われ、なおかつかつての多民族国家としてのアイデンティティも失った「誰も望まなかった国」[4]としての再出発をオーストリアは余儀なくされた。合邦が実現しなかったという思いはオーストリア人の中でくすぶり続け、彼らが一九三八年にナチス＝ドイツへの合邦を熱狂的に支持する背景となる。

「オーストリア的なもの」をめぐる議論

多民族国家であったオーストリア＝ハンガリーが第一次世界大戦によって解体され、さらにドイツ語を話すドイツ人でありながらドイツ在住のドイツ人とも区別されるようになったオーストリアの知識人は、その混乱のさなかにアイデンティティを再確認する必要に迫られることになる。それはすなわち「オーストリア的なもの」とは何かという問いの前に立たされることであった。(5) その反応の仕方は所属する社会階層や政党によってさまざまであるが、ここではまずブルジョワ知識人による議論を確認してみたい。彼らの多くは、貴族らとともにかつてのオーストリア＝ハンガリーの政治的・社会的構造において指導的な地位を確保していた。帝国の崩壊は、すなわちそのような指導的な地位が崩れ去ることを意味したのである。それゆえ彼ら保守的市民層の多くは、社会民主党を中心に形成された新共和国の樹立、それに「赤いウィーン」と呼ばれるウィーン市内の公共住宅建設に代表される労働者向けの政策を歓迎せず、むしろかつて存在したハプスブルク帝国への郷愁を深めていった。このような理由により「オーストリア的なもの」をめぐる議論も、かつてのハプスブルク帝国の超民族性（Übernationalität）と、それを支えた前時代的なカトリシズムを強調したものとなっている。

代表的な例として紹介したいのが、詩人・劇作家のアントン・ヴィルトガンス（Anton Wildgans, 一八八一〜一九三二）による『オーストリアについての講演』（一九二九）である。ヴィルトガンスによると、長い歴史の過程でハプスブルク帝国のドイツ系住民の内には次第に「オーストリア的人間[6]」なるものが形成されていった。彼らは帝国において数のうえでは少数派でありつつも政治的・文化的には指導的役割を演じていた。そのため民族や党派の枠組みを超えて指導的役割を果たす必要上、異なる民族の感情世界に耳を傾け、その身になって考える心理的洞察力を持ち合わせることになった。また、彼らオーストリア的人間は、ひとつの理念に忍耐強く奉仕することのできる特殊な能力を備えている。その理念こそ、民族の枠組みを超える普遍性をもったローマ・カトリックにほかならず、オーストリア人の最も深く、極めて重要な本質をなしているとヴィルトガンスは述べる。それゆえオーストリア的人間は、確かに言語的にも血統的にもドイツ人なのだが、プロイセン人のように一義的で人を寄せつけないようなところはなく、多様な血の混合と歴史的経験を通じて、むしろ融和的、社交的であり、それゆえ「ヨーロッパ的」なのだ、と結論づけている[7]。

同様の議論は、かつてのオーストリアにおける多民族社会を「人民が自由意思で組織し、多様なものを調和へと秩序づけようとしたヨーロッパで初めての偉大な試み[8]」と位置づけたヘルマン・バールや、オーストリア的なものの独自性を「自らが内包する二元性[9]」の柔軟な併存ととらえ、「新たに形成されるヨーロッパはオーストリアを必要とする。自然な柔軟性をもつひとつのモデルを」と唱えたフーゴー・フォン・ホーフマンスタールらの議論にも当てはまる。いずれにも共通しているのは、記憶の中のハプスブルク帝国を理想化し、オーストリアを新たなヨーロッパ秩序のモデルに位置づけることで、傷つき損なわれた自らのアイデンティティを回復させようとしている点である。これはツヴァイクやロートら、ユダヤ系作家のハプスブルク帝国への郷愁の念とも通じるところがある。彼らは、いずれも裕福なブルジョワ家庭の子息であり、世紀転換期ウィーン文化の中心をになった、いわゆるカフェ文士たちである。彼らにとってウィーンのカフェは、「世界を見ないことをひとつの世界観[10]」とするような空間であり、そうした空間から発せられる彼らの言葉は、たとえ彼らが新たな時代への使命に駆られているにせよ、現実から目をそらさずに受けとめようとするまなざしを欠いている。それゆえ同時代の作家であるムージルは、エッセイ「ドイツへの合邦」(一九一九)でこうした「オーストリア的なもの」をめぐる議論に冷や水を浴びせている。彼によると、少なからぬ人々によって実に無邪気にオーストリア文化なるものが叫ばれ、オーストリア文化には民族混合国家の土壌だけに生い茂るとされる特別な繊細さがある、と繰り返されているが、この地で育まれたのはあくまで「さまざまな独自性の内容豊かな集合体[11]」であり、そこにはいかなる統一もなかった。ドイツ系オーストリア人は、かつての帝国に存在していた民族問題に目をつぶり、ドイツ文化による中央集権的な支配を調和のとれた「オーストリア文化」と都合よく解釈している、と指摘している。ムージルによれば、存在するのはそれぞれの民族の文化と、彼らが好まなかったドイツ文化だけである。「オーストリア的なもの」やオーストリアがヨーロッパに対して自ら課した使命というのは、いわば「ロマン主義[12]」であり、冷静さを欠いた事実の捏造である。

とはいえ、第1部で紹介したチェコの民族復興運動における古文書の偽造というエピソードや、第2部で世紀末ウィーンのユダヤ人における自由主義社会についてのエピソードを紹介したように、集合的なアイデンティティの確立には、歴史や伝統に根拠を置きつつも、誰もが物語を共有できるようなある種のロマン主義的な虚構が求められることも事実である。オーストリアの集合的なアイデンティティをめぐっては、その後も第二次世界大戦後に永世中立国となったオーストリア共和国においても「純粋無垢なナチスの犠牲者」という一種の「独我論（Solipsismus）[13]」的な虚構が問題となった。これについては次の第3章で改めて取り上げることにしたい。

パン・ヨーロッパ

「オーストリア的なもの」をめぐる議論が、しばしば多民族世界を経験したオーストリアこそ新たなヨーロッパ秩序の先駆であると自負する論へと移り変わっていく過程と、その問題点について指摘したが、それと関連して、第一次世界大戦後に生まれた「パン・ヨーロッパ」

運動についても述べておきたい。パン・ヨーロッパ運動とは、一九二〇年代より起こり始めたヨーロッパ統合をめざす運動である。一般に今日のヨーロッパ連合（EU）へ至る一連の運動の基礎となったとされる。これを提唱したのがオーストリアの政治家リヒャルト・クーデンホーフ＝カレルギー（Richard Nicolaus Eijiro Coudenhove-Kalergi, 一八九四〜一九七二）（図2）である。彼はオーストリア＝ハンガリー君主国の駐日特命全権大使であった父ハインリヒとその妻である日本人の母光子（青山みつ）との間に生まれ、一九二三年に著書『パン・ヨーロッパ』を発表した。彼はその中で世界を「イギリス」「アメリカ」「ソ連」「アジア」「ヨーロッパ」の五圏に分け、ソ連の軍事的脅威やアメリカの経済力に対抗し、ヨーロッパに平和をもたらすために、ヨーロッパ諸国は統合されねばならないと説いた。一九二六年にはウィーンで第一回国際パン・ヨーロッパ会議が開催され、クーデンホーフ＝カレルギーが国際パン・ヨーロッパ連合初代会長を務めた。

しかし、ヨーロッパ統合を唱えるクーデンホーフ＝カレルギーの主張を『パン・ヨーロッパ』の論旨に沿って確認すると、いくつかの問題点も見えてくる。ここでは第一次世界大戦後のヨーロッ

図2
リヒャルト・クーデンホーフ=カレルギー

パ世界に対する彼の認識を確認したい。クーデンホーフ＝カレルギーによると、第一次世界大戦による三つの最後のヨーロッパ帝国（ロシア、ドイツ、オーストリア）の瓦解によって、西方は東方に勝ち、自由原則は保守に勝ち、民主主義は独裁に勝ち、その結果、東方諸民族は解放された。東欧の民族革命はパン・ヨーロッパへの決定的な段階を切り開いた。というのも、この革命によってヨーロッパは、国民国家と民主主義という基礎にもとづいた、統一的な相貌を得るに至ったからである。ヨーロッパの少数の民族が家長のように多くの異なる民族を後見するような時代は過ぎ去った。たしかに革命によって民族的抑圧が止んだわけではなく、何百万というドイツ人、マジャール人およびウクライナ人はその隣接する民族に抑圧されたままになっている。こうした民族抑圧の名残りは、すべての善良なるヨーロッパ人がその解決のために未だなお力を尽くさなければならないが、にもかかわらずヨーロッパの政治構造は、第一次世界大戦前に比べると進歩が認められる、と述べている。[14]

ここでは大戦後の諸民族の独立運動がもたらした功罪に対する理解が示されている一方で、「オーストリア的なもの」についての論者と同様、民族問題に対する途方もない楽観が透けて見える。ヨーロッパ各地に民族抑圧の名残りがあるにもかかわらず、大局的にはヨーロッパ統合へ一歩前進した、と結論づけるクーデンホーフ＝カレルギーのパン・ヨーロッパ思想は、まさに彼が楽観視した「民族抑圧の名残り」をめぐってヨーロッパ各地でせめぎ合いが続き、その結果ヨーロッパをさらなる混乱へと導いたことを考えると、現実を直視せぬまま構想されたロマン主義的思想であるというほかない。そのことは、その後ドイツ民族による国家がナチスという野獣性を帯びた独裁国家へと姿を変え、一九三八年にチェコスロヴァキアのドイツ人居住地域（ズデーテン地方）を併合したことからも明らかである。また、国際パン・ヨーロッパ同盟の事務局は、オーストリアの首相でキリスト教社会党のイグナーツ・ザイペルや、のちに独裁政治を敷くことになるエンゲルベルト・ドルフースの了承のもと、ウィーンのホーフブルク（王宮）に置かれ、[15]また一九七四年にリヒャルトが他界したのちに国際パン・ヨーロッパ連合の第二代会長をつとめたのがハプスブルク家最後の皇帝カール一世の息子、オットー・ハプスブルク（一九一二〜二〇一一）であった。このことを考え合わせても、パン・ヨーロッパおよびクーデンホーフ＝カレルギーの思想の根底に流れる保守性が見て取れる。結局のところそれは、「オーストリア的なもの」の議論の中心を担ったブルジョワ知識人のそれと共通しているのである。

実際パン・ヨーロッパ運動は、たしかにヨーロッパ統合への運動の基礎になったかもしれない[16]し、冷戦終結のきっかけとなった一九八九年のパン・ヨーロッパ・ピクニック計画など、歴史の転換期に少なからぬ役割を果たしているが、しかし、実際にヨーロッパ統合の中心を担ったのは決して彼のような立場の人間ではなかった。「オーストリア的なもの」をめぐる運動も、あくまでブルジョワ知識人の思弁的な言説として、大多数のオーストリア人の感情をとらえるまでには至らなかった。一九三〇年以降、オーストリアはファシズムの時代を迎える。そしてカトリック的なものを通じてドイツから自らを区別しようとするオーストリア・ファシズムは、結局のところサン＝ジェルマン条約以来くすぶっていたドイツへの合邦を願うドイツ民族主義に飲み込まれ、ナチス＝ドイツによる合邦を熱狂的に受け入れることになる。

オーストリア・ファシズムと合邦（アンシュルス）

「ファシズム（伊 faschismo）」とは、イタリア語の fascio（「団結」という意味）に由来する。語源的にはラテン語の「ファスケス（fasces 束桿（そっかん））」にあたる。ファスケスとは斧の周りに木の束を結びつけたもので、古代ローマ時代の執政官の権威の標章であった。ファシズムは一九二〇年代以降はイタリアのムッソリーニが率いる国家ファシスト党のように、議会政治や自由主義を否定する全体主義的な政治形態を指すことになる。

オーストリアでは一九三四年にファシズム政権が成立する。その背景を確認しておこう。一九一八年の秋、ハプスブルク帝国が瓦壊し、諸民族が分離独立したあとのオーストリアは、恐るべき混乱の渦中にあった。前線から、多数の兵士——その多くは非ドイツ人——が無秩序に家路へ流れていく途中で、住民の財産や貯蔵された食料が脅かされた。極度に悪化した経済状態のもとで、飢えた都市住民による略奪もしばしば起こった。南部国境では、南スラヴ人の侵入に脅かされた。こうした状況のさなか、戦争による無法状態と暴力行為から家や農場を守るために、また外敵の侵入から国境を防衛するために、オーストリア各地で武装した一般市民による自営集団が自然発生的に出現した。彼らは地方の農民層およびカトリック層を中心として組織され、結果的にオーストリアに対する愛国心を抱いた右翼的性格をもつことになる。こうした郷土に根差した私的武装団体は、「護国団（Heimwehr）」と呼ばれることになる。(17)

オーストリア国民議会は、一九二〇年に社会民主党が下野し、それ以来ローマ・カトリック教会を背景とするキリスト教社会党と、ドイツ・ナショナリズムを背景とした大ドイツ民族主義党が中心となって政権を運営することになる。一九二二年に首相となった聖職者でキリスト教社会党党首のイグナーツ・ザイペルは、政府の援護部隊として各地で形成された護国団の統一を図り、彼らと手を結ぶことで軍事力を背景に勢力を伸ばしていった。社会民主党との対立や労働者の暴動によりオーストリア国内の社会対立が激化する中、一九二九年にニューヨーク株式市場が大暴落し、世界恐慌がはじまる。一九三一年にはオーストリアのクレジット・アンシュタルト銀行が倒産し、オーストリア経済は壊滅的な打撃を受けることになる。そうした中で一九三二年、キリスト教社会党のエンゲルベルト・ドルフース（Engelbert Dollfuß, 一八九二〜一九三四）（図3）が首相になる。彼は世界恐慌後の問題に着手し、経済回復のために国際借款を得るが、これに不満をもつドイツ民族主義派は大規模な離反を見せ、事実上ナチスに転じてしまう(18)。あくまでもオーストリアの独立維持を願っていたドルフースは、イタリアのムッソリーニの影響を受けた護国団と結び、一九三三年に議会を閉鎖する。さらに社会民主党員や労働者による蜂起を武力で弾圧すると、社会民主党を非合法化したうえで一九三四年五月に新憲法を発布し、カトリックと中世的な身分秩序に支えられた職業身分制国家（Ständestaat）の樹立を宣言する。

ドルフースはオーストリア国内のナチスの活動も非合法化するが、当時のオーストリアの官僚、警察、軍隊、護国団はすでにナチ化が進んでいた。ドルフースもまた、一九三四年七月、政府軍兵士の軍服を着て官邸に押し入ったオーストリア・ナチ党員によって暗殺されてしまう。彼の死後、オーストリアの独裁体制はクルト・シュシュニック（Kurt Schuschnigg, 一八九七〜一九七七）にゆだねられるが、結果的にナチス＝ドイツによる「合邦（アンシュルス）」を許すことになる。一九三八年二月、ヒトラーとシュシュニックは、ヒトラーの別荘のあるオーストリア国境のドイツの町ベルヒテスガーデンで会談する。ヒトラーの要求はオーストリアをドイツの保護下に置くこと、

図３ エンゲルベルト・ドルフース

そしてヒトラーに近いオーストリア・ナチ党員のザイス＝インクヴァルトを内務大臣に据えることであった。シュシュニックはヒトラーの要求を拒否し、二十四歳以上による国民投票実施を宣言する。すると一九三八年三月十二日、ドイツ国防軍がオーストリア国境を越えて進軍する。しかし、ヨーゼフ・ロートの章（第2部第4章）で確認したように、国境では予期されていた抵抗は何もなく、それどころか国防軍は歓呼をもって迎えられたのだった。三月十五日にウィーン・新王宮前のヘルデンプラッツ（英雄広場）で行われたヒトラーの演説では、おびただしい数のウィーン市民が会場を埋め尽くした。ヒトラーの宣言により合邦は完成し、国家としてのオーストリアは歴史から完全に消滅し、ドイツ・オストマルク州となった。さらにその後国際的な承認を得るために行われた四月十日国民投票では、合邦への反対者が亡命ないしは検挙され、ユダヤ人や政治的被迫害者が選挙資格を奪われていたという事情を考慮すべきであるにせよ、実に九九・七五％がヒトラーの決断に賛成の票を投じるという驚くべき結果となった。[19]オーストリア国民がナチス＝ドイツを熱狂的に受け入れたということ、これが戦後から現在に至るオーストリアの歴史に大きな影を落とすことになる。

第3章　戦後オーストリアと「犠牲者神話」——「埋め戻し」をめぐって

断絶と埋め戻し

第3章では一九三八年のナチス＝ドイツへの合邦によって国家自体が消滅したのち、第二次世界大戦後の一九五五年にふたたび国家として復活することになったオーストリア共和国の現在、およびオーストリアが「ナチスの最初の犠牲者」、「永世中立国」といった新たなアイデンティティを得るにあたってなおざりにされた過去をめぐる問題を中心に取り上げる。

ナチス＝ドイツによる支配から第二次世界大戦を経て現在に至るまでの過程で、中央ヨーロッパの状況にはそれまでとは決定的な断絶が生じた。たとえば第1部で取り上げたように、問題をはらみつつも長きにわたって続いてきたチェコ人とドイツ人との共存関係は、ナチス＝ドイツがチェコスロヴァキアを解体し「アーリア化」を進めたこと、またそれと同様の理論で、第二次世界大戦後にチェコスロヴァキアで「脱ドイツ化」が徹底的になされ、同地で生

図1　看板の書き換えの例

活していた三百万人ものドイツ人が追放されたことによって[1]、決定的に失われた。カフカが生涯にわたって暮らしたプラハも、チャペックがギムナジウム時代を過ごしたブルノ（ブリュン）も、マーラーが幼年時代を過ごしたイフラヴァ（イーグラウ）も、街並み自体は彼らが生きた二十世紀初頭と変わらぬ面影を残しているにもかかわらず、交通標識や店の看板からドイツ語が消え、かつてドイツ人が暮らしていた痕跡は跡形もなく消え去った（図1）。また、第2部で紹介したように、中欧の重要な文化の担い手であったユダヤ人も、ホロコーストや亡命によって大量に離散した。一九三八年の段階で二十万人以上いたとされるオーストリアのユダヤ人は、およそ十三万人がオーストリアを追われ、少なくとも六万五千人がショアー（ホロコースト）の犠牲となった[2]。十九世紀後半におけるユダヤ人のウィーン流入にともなってウィーン各地に建てられたシナゴーグは、そのほぼすべてが一九三八年十一月九日から十日の「水晶の夜（クリスタル・ナハト）」（ドイツ各地で同時多発的に発生した反ユダヤ主義暴動）で焼け落ちた。現在、シナゴーグが建っていた場所の多くには、まるでその空白を塗りつぶすように無機質な公営住宅が建設され、かつてウィーンの人口の一割近くを占めたとされるユダヤ人との共生の痕跡は見る影もない（図2）。このようなかたちで起きたかつての中欧の状況との断絶は、東西ヨーロッパを「鉄のカーテン」によって分断した冷戦時代を経て定着していく。

第二次世界大戦が終結するにあたり、オーストリアは一九四五年に第一共和制時代（一九一八～一九三八）の初代首相でもあったカール・レンナーを首班とする臨時政府を設立するも、米英仏ソの連合四カ国によって十年にわたる分割統治を受けた。完全な独立を回復するのはようやく一九五五年のことである。一九三八年に国家が消滅してから共和国の復活まで実に十七年もの

図2　左：ウィーン市内のシナゴーグ跡　右：シナゴーグ跡に置かれた記念碑

歳月が経過しているわけだが、戦後の途方もない混乱のさなかに再スタートを切ったオーストリアが強調しようとしたのは、作家アレクサンダー・レルネット＝ホレーニアの「われわれはひとりの狂人の妄想によって中断されたところから継続しさえすれば[3]」よいという言葉に顕著に示されているように、ナチス時代の断絶を乗り越えて第一共和制時代の民主主義を継続することであった。歴史家のエルンスト・ハーニッシュはこれを「埋め戻し（Rückbruch）[4]」と呼んだ。とはいえ、たとえオーストリアという国家が一時的に断絶したとしても、その間そこで生活していた人々や彼らが過ごした時間も消滅したわけではない。第2章ですでに述べたように、一九三八年にドイツ国防軍がオーストリア国境を越えて進軍した際、大多数のオーストリア人は歓喜の声をあげてヒトラーを熱狂的に迎え入れたのであり、彼らは「ドイツ国民」としてウィーンのシナゴーグが焼け落ち、ユダヤ人が路上や自宅から連行されるのを目の当たりにしているのである。さらにいえば、一九三四年から一九三八年にわたってオーストリアでは第一共和制の民主主義を否定した権威主義的な身分制国家が存在していた。かつての民主主義国家への「埋め戻し」の発想は、戦後間もないオーストリア人の自国感情に強く訴えたが、それはオーストロ・ファシズム時代を含めた十年余りの歳月をあたかも何もなかったかのようにうやむやにすることでもあった。

ナチズムの「外在化」と犠牲者神話

戦後間もないオーストリアでは連合国による監督のもと、「非ナチ化」が緊急の政策課題であった。とはいえ「埋め戻し」の発想にも見られるように、戦後オーストリアにおけるナチズムの問題が真正面から議論されるようになったのはようやく一九八〇年代後半になってからのことである。ライナー・レプシウスはその背景を「外在化（Externalisierung）」[5]という言葉で説明している。戦後オーストリアではナチズムはあくまでオーストリアの外部からやってきたものであり、自らはあくまでその犠牲者にほかならないという解釈がまかりとおっていた。ナチスによる犯罪的行為の責任の所在は、むしろ当時の西ドイツに向けられた。一九四九年に成立した西ドイツは、ナチズムを自らの問題であると「内在化」[6]し、制度の改革や民主主義的な価値信念の構築によって克服しようとした。その一方、オーストリアの非ナチ化法案には、旧ナチ党員に対する処罰を免れる例外規定が設けられるなど不徹底なところがあり、脱ナチ化はなかなか進まなかった。

ナチズムの「外在化」、すなわちオーストリアこそナチス＝ドイツの侵略政策の最初の犠牲者にほかならないという「犠牲者神話」が生まれたきっかけは、第二次世界大戦中の一九四三年に出されたモスクワ宣言である。モスクワ宣言とは、米英ソ外相による第二次世界大戦後の国際秩序についてなされた宣言であるが、その中に「四大国宣言」、「イタリアに関する宣言」、「残虐行為についての声明」と並んで「オーストリアに関する宣言」がある。それに「オーストリアはヒトラーによる侵略行為の犠牲となった最初の自由国」であると記述されており、「一九三八年三月十五日にドイツによって不当になされた合邦は無効である」、さらには「自由・独立のオーストリアの再建を望む」、と記されていた。そしてこれがオーストリアに対する当時の世界の公式見解であるとともに、第二共和制の正当化にとって大きな力を発揮することになった。

ただし、モスクワ宣言にはさらに「オーストリアはヒトラー・ドイツの側に立って戦争に参加した責任を負っていることは逃れようのない事実であること、最終的な合意に際しては不可避的に、自身の解放のために自らがどれだけ貢献したかという点が考慮される」という一文が付されていた。つまり実際にはナチスの犠牲者でもありながら同時にナチス側として戦争に参加した責任も有するというアンビヴァレントな文言であり、そのつど選別恣意的な解釈を可能とするものであった。(7)しかし大戦後間もないオーストリア政府も世論も、「ナチスの最初の犠牲者」という記述に飛びつき、もっぱらそのイメージを世界に広めようとしたのであった。

『サウンド・オブ・ミュージック』

この「犠牲者神話」が冷戦時代にいかに世界に浸透していたかは、一九六五年に公開されたアメリカの映画『サウンド・オブ・ミュージック』を観るとよくわかる。この映画はオーストリア・ファシズム時代のオーストリアを舞台としたトラップ一家合唱団をめぐるミュージカル映画である。舞台はザルツブルクおよびその周辺のザルツカンマーグートと呼ばれる緑豊かな湖水地方である。修道女見習いのマリアは、ある日修道院長にオーストリア＝ハンガリー帝国海軍の退役軍人ゲオルク・トラップの七人の子どもの家庭教師になることをすすめられる。厳しい規律のもとで育った子どもたちに、家庭教師マリアは歌うことの楽しさを教える。すると子どもたちは見ちがえるように明るく成長する。当初子どもたちの教育をめぐる意見の相違で反目しあっていたゲオルクとマリアも次第に惹かれあい、ついに結婚する。しかし幸せもつかのま、オーストリアはナチス＝ドイツに併合される。反ナチスのゲオルクに対し、ドイツ軍は召集令状を出す。愛する家族とともに生きる決心をしたゲオルクは、一家で合唱団として参加したザルツブルク音楽祭のさなかに監視の目を逃れて会場を抜け出し、一家でアルプスを越えスイスへ向かう、というあらすじである。なお、主人公のマリア・フォン・トラップ（Maria von Trapp, 一九〇五～一九八七）は実在の人物である。映画では描かれていないが、実際はスイスからさらに一九三九年にアメリカへわたり、トラップ一家合唱団としてアメリカ中をまわっている(8)。

このミュージカル映画では、オーストリア人がナチス＝ドイツを熱狂的に受け入れたという事実や、ヒトラー側に立ったことへの責任、さらには当時のオーストリアがファシズム国家であったという事実は遠く背景に退き、ナチス＝ドイツに支配を受けた犠牲者であるという点がことさら強調されている。このことはたとえばドイツ軍の監視下で行われたザルツブルク音楽祭でゲオルクがオーストリアを象徴する花である「エーデルワイス」を歌い出す場面からも見て取れる。愛するオーストリアを想うあまり感極まって歌えなくなるゲオルクだったが、マリアや子どもたちがそれを引き継ぎ、最後には会場がひとつになって合唱する。歌の力によって人々がいかにオーストリアを愛しているかを目の当たりにしたナチスの高官たちがうろたえる場面は感動的だが、ナチズムに抵抗する愛国者ゲオルクは、同時にオーストリア支配をめぐるナチス＝ドイツとの権力闘争に敗北し、亡命を余儀なくされたオーストリア・ファシズムの実質的支持者でもある。そのことは映画でも服の襟に身分制国家であることを示すクリュッケンクロイツと呼ばれる変形十字架の徽章をつけていることからも見て取れるが、映画ではそれ以上のことについては何も触れられていない(9)。

ヴァルトハイム問題

「埋め戻し」と「外在化」によってナチスとの過去を都合よく締め出したのち、一九五五年にオーストリア国家条約により完全な独立を得たオーストリア共和国は、これまでとは異なるアイデンティティを手にした。すなわち「永世中立国」としてのオーストリアである。もはやドイツへの合邦を望むこともなくなり、オーストリア人たちの大規模国家へのあこがれは消え去ったように見える。[10] フェーリクス・クライスラーがまとめた世論調査を見ても、「オーストリア人は自らをひとつの国民とみなすか」、という質問に対し、イエスと答えたのは独立直後の一九五六年では半数弱の四九％で、ノーと答えた四六％と拮抗していたにもかかわらず、一九七〇年にはすでに六六％がイエスと回答し、「ひとつの国民と感じ始めている」という回答を含めると実に八二％が肯定的な回答をしている。[11] しかしその変わり身のあまりの早さによって、戦後オーストリアは自らの過去と向き合っていないのではないか、という指摘が次第になされることになる。

すでに述べたように、オーストリアと比べて、西ドイツは段階的にではあるがナチズムを自らの問題として受け止め、ナチズムを受け入れた過去について反省するとともにその克服を目指してきた。ドイツ連邦共和国大統領リヒャルト・フォン・ヴァイツゼッカー（Richard von

Weizsäcker, 一九二〇〜二〇一五）がドイツ敗戦四十周年にあたり一九八五年五月に連邦議会で行った有名な演説では、罪の有無、老幼いずれを問わず、ドイツ国民全員が過去を引き受けなければならない、と述べ、過去に対する責任の所在を明確にしようとした。(12)

ヴァイツゼッカーの演説は大きな反響を呼んだが、それと対照的な形でヨーロッパ世界を揺るがせたのが、オーストリア共和国大統領クルト・ヴァルトハイム（Kurt Waldheim, 一九一八〜二〇〇七）をめぐる問題である。ヴァルトハイムは一九一八年、ウィーン近郊のザンクト・アンドレー＝ヴェルデルンに生まれる。一九三八年、オーストリアがドイツへと合邦されるにあたり、ナチスの突撃隊（SA）に加入したヴァルトハイムは、一九四四年にウィーン大学で法学博士号を取得、一九四五年からオーストリア外務省に勤務する。一九六二年、国連のオーストリア代表になったのち、一九七二年、第四代国連事務総長に就任、一九八一年まで任期を務める。一九八六年には、一九七一年に一度落選していたオーストリア大統領選挙に再度立候補する。その際、ヴァルトハイムが一九四二年のユーゴスラヴィア戦線で六万人の戦争捕虜を強制収容所に送る作戦に通訳として協力していたこと、そして彼が自らの過去に対して隠蔽操作を行っていたことが発覚し、大スキャンダルになった。その渦中に行われた一九八六年の大統領選挙では、旧連合国の米・英・仏はヴァルトハイムが大統領になることに反対を表明した。それに対しオーストリアは内政干渉として反発した。結果的にヴァルトハイムは国内の支持を集めて大統領となったのだが、オーストリアは国際的な非難を浴び、大統領であるにもかかわらず多くの国がヴァルトハイムの入国を拒否する事態となった。ヴァルトハイム問題は、オーストリアが国家としての新たなアイデンティティを確保するために進めたナチズムの「外在化」が、結果として過去の罪過を隠蔽していたことを暴露することとなった。

ヴァルトハイム問題は、オーストリアも「過去の克服」に遅ればせながら取組むきっかけをあたえた。ベルリンの壁が崩壊し、冷戦が終結した当時のオーストリアの首相フランツ・フラニツキーは、一九九一年七月に声明を発表し、わが国でも自国の歴史のこれまで語られてこなかった側面を認め、この国の市民がほかの人間や国民にもたらした苦痛に対する共同責任をも認めなければならない、と述べた。

とはいえ、ヴァルトハイム問題が発生したのと同じ一九八六年に、オーストリアの元ナチを主体とする極右政党である自由党（ＦＰÖ）の党首にイェルク・ハイダー（Jörg Haider, 一九五〇～二〇〇八）が就任したこと、そして党内のリベラル派を排除し、移民の排斥をうながす過激かつポピュリズム的な発言を繰り返すことで支持を伸ばしたことも見逃しがたい事実である。自由党はハイダーのもとで一九九九年にオーストリア議会で第二党の地位を獲得し、その後も政権のキャスティングボートを担う存在であり続けている。その意味で冷戦後のオーストリアにおいてドイツ民族主義的かつ排外主義的な土壌がいまだなお残っていることは否めない。二〇一五年の欧州難民危機[13]をきっかけに移民問題に揺れる現在のオーストリアにおいても、二〇一六年十二月のオーストリア大統領選挙のように、自由党のノルベルト・ホーファー（一九七一～）が緑の党（Die Grünen）のアレクサンダー・ファン・デア・ベレン（一九四四～）をあと一歩のところまで追い込んだり、二〇一七年には移民流入阻止の政策を掲げて支持を集めた当時三十一歳の若き党首セバスティアン・クルツ（一九八六～）率いるオーストリア国民党（ÖVP）が、自由党と連立政権を組んだりするなど[14]、状況は一九九〇年代とそれほど変わっているとはいえない。

『ヘルデンプラッツ』

この章を終えるにあたって、戦後オーストリアを代表する作家のひとりであるトーマス・ベルンハルト（Thomas Bernhard, 一九三一～一九八九）の戯曲『ヘルデンプラッツ（Heldenplatz）』（一九八八）を紹介する。ベルンハルトは、オーストリアに対する愛憎に満ちた辛辣な表現で知られる。『ヘルデンプラッツ』はベルンハルトが死の前年に書いた最後の戯曲で、ウィーンのブルク劇場で初演されるや大きなスキャンダルとなった。

一九三八年、ヒトラーがウィーン市民の熱狂的歓迎を受けて新王宮のあるヘルデンプラッツ（英雄広場）（図3）に乗り込み、パレードを行った。その時の歓声が、五〇年後の今もシュースター教授夫人ただ一人の耳に聞こえてくる。ユダヤ人である夫のヨーゼフ・シュースター教授は、一九三八年に亡命し、オックスフォードで教鞭を執っていたが、一九五五年にオーストリアが独立を回復したのちに、妻の反対を押し切ってウィーンに帰郷し、ヘルデンプラッツの近くに家を買ったのだった。彼は妻がその歓声を聞かずに済むには、反ユダヤ主義が未だなお残るウィーンを離れてふたたびオックスフォードに向かうしかないと無理に思い込むが、そのことが教授を追い込み、最終的に自宅の窓外へと身を投げてしまう。舞台はヨーゼフの死後、残された家族がウィーンで会話を交わすかたちで進行する。三幕の劇であるが、いずれの場面も、教授を自殺に追いやったウィーンおよびオーストリア国民への罵声と、その背景に潜むナチズムや反ユダヤ主義への批判に満ちている。ここではその中でも象徴的な一場面を紹介したい。第二幕、シュースター教授の葬儀から戻ってきた教授の娘アナ、オルガと、教授の弟であるローベルトとの会話である。ローベルトはアナに対し次のようにいう。

「おまえの言いたいことはわかる、だがどうにも変えようもないことのために興奮するのはやめたほうがいい。ウィーン人はユダヤ人嫌いだし、これからもユダヤ人嫌いでありつづけるだろう。永遠にな。そんなことはわしにだってわかっている。だ

図3　ウィーンのヘルデンプラッツ。後ろに見えるのが新王宮

がそれゆえにわしが自分の人生を台無しにすると思ってもらっては困る。おまえにはわしにそうしろと要求することはできない。わしはノイハウスに住んで、毎週学友協会を訪れるために街に出る。わしは自分の心の平安を守りたいのだ[15]」。つまりローベルトは、自分が年を取ったことを理由に、兄のシュースター教授を死に追い込んだウィーンの状況に対する考察から目を背け、心の平安を守るためにノイハウス（ドイツ語でNeuhausは「新しい家」）という歴史に思いをきたす必要のない新興都市に住み、美しい音楽を学友協会で聴くためにだけウィーンを訪れる。ここでローベルトが述べる「どうにも変えようもないことのために興奮するのはやめたほうがいい（du sollst dich nicht aufregen wegen etwas das nicht zu ändern ist）」というセリフは、第3部第1章で紹介したヨハン・シュトラウスの『こうもり』でアルフレートが人妻であるロザリンデに繰り返す「幸せなのは、もうどうにも変えようがないことを忘れられる人のことだよ（Glücklich ist, wer vergisst, was nicht mehr zu ändern ist）」というセリフとぴたりと重なる。まさに解決を先延ばしにして、どうにかこうにかやっていく「フォルトヴルステルン」の精神である。いまさらこの手の議論をするつもりはないと話すローベルトに対し、アナは一言「それが恐ろしいのよ。それがひどいことなのよ[16]」と告げる。彼女にとっては「何事もそんなにひどくないと考えているうちに、事態は最悪になっている[17]」のである。

この戯曲のラストでは、義弟のローベルトや息子のルーカスが話している会話を食卓に座りながら聞いているシュースター教授夫人の頭の中に、一九三八年のヒトラーを熱烈に受け入れたウィーン市民の歓声がふたたび響き渡り、シュースター教授夫人がテーブルに突っ伏してしまう場面で終わる。一九八八年のブルク劇場におけるクラウス・パイマン演出による初演では、過去にふたをするかのように大声で議論を交わすローベルトの語り口が、次第にヒトラーの演説のそれと重なってくるのが印象的であった。二〇二〇年にグラーツのシャウシュピールハウスで上演されたフランツ＝クサーヴァー・マイアーによる演出では、ローベルトは男性用の長いコートをまとった二十九歳の女優ユリア・フランツ・リヒターによって演じられており、意図的に年齢不詳の中性的な演出がほどこされていた。いずれの演出も戦後オーストリアにおけるメンタリティの中に、ヒトラーを熱烈に迎え入れるにいたった一九三八年当時のメンタリティがいまだなお残っていることを伝えるものであるが、マイアーの演出は、そのメンタリティがローベルトひとりではなく、老若男女問わずもちうるということを示しているといえよう。

第４章　ペーター・ハントケと歴史
――『冬の旅』から今

ペーター・ハントケの経歴

第３部を終えるにあたって、前章のトーマス・ベルンハルトとともに現代オーストリア文学を代表する作家のひとりであるペーター・ハントケ（Peter Handke, 一九四二〜）（図１）に焦点をあてて考察する。ハントケは二〇一九年にノーベル文学賞を受賞したが、このことに対しては国内外から多くの議論がわきおこった。とりわけ同年にドイツ書籍賞を受賞したボスニア・ヘルツェゴヴィナ出身のドイツ語作家サーシャ・スタニシチ（Saša Stanišić, 一九七八〜）が、受賞のスピーチの場でハントケのノーベ

図１　ペーター・ハントケ

ル文学賞受賞を名指しで批判したことは大きな話題となった。(1) こうした批判の背景には、冷戦後のヨーロッパ、特に一九九〇年代に勃発したバルカン半島のユーゴスラヴィア紛争に対するハントケの一連の言動がもとになっている。ここでの議論、およびハントケの作家としての立場のいかなる点が問題なのかを明確にすることは、本書の内容を総括することにもつながるため、ここで取り上げておきたい。

ペーター・ハントケは一九四二年、オーストリア南部のケルンテン州にあるグリッフェンという小さな村に生まれた。ケルンテン州はかつてユーゴスラヴィアの一部であったスロヴェニアと国境を接しており、現在でもドイツ系住民とスロヴェニア系住民が共存している。母マリアはスロヴェニア系であり、彼女の父（すなわちハントケの祖父）はオーストリア＝ハンガリー君主国崩壊後の一九二〇年、建国されたばかりのユーゴスラヴィアへのオーストリア南部の併合に賛成したことで、ドイツ語を話す住民から殴り殺されそうになったというエピソードが残っている。(2) ハントケの父は第二次世界大戦時に当地に駐留していたナチス＝ドイツの軍人エーリヒ・シェーネマンである。ただし、エーリヒは間もなく当地を去ったため、マリアは息子の生まれる前にベルリン出身のやはり当地に駐留していたブルーノ・ハントケと結婚している。なお、ブルーノの息子として育てられたハントケは十八歳になるまで実の父親の存在を知らされていなかった。一九四五年、一家は東ベルリンに移住する。しかし当時のベルリンは空爆によって著しく荒廃しており、ブルーノも仕事を見つけられなかった。

そのため、三年後の一九四八年、ベルリン封鎖が実行される直前にグリッフェンに戻っている。その後ハントケはケルンテンの州都クラーゲンフルトでギムナジウム時代を過ごし、一九六一年にはグラーツ大学に入学、そこで処女作となる小説『雀蜂』を執筆している。劇作家としては一九六六年に当時の西ドイツ・フランクフルトで初演された話劇『観客罵倒』で鮮烈なデビューをはたしている。初期の作品は言語と認識の問題を追究する実験的な作品が多かったが、一九七一年に母の自殺があったのちは自らの体験を素材とする作品が増え、翌一九七二年に母の死をテーマとした小説『望みなき不幸』、一九八六年には自らのルーツでもあるユーゴスラヴィア・スロヴェニアへの旅を描いた長編小説『反復』を発表している。映画への関心も高く、自らの小説『ペナルティーキックを受けるゴールキーパーの不安』（一九七〇）をドイツの映画監督ヴィム・ヴェンダース（一九四五～）とともに映像化したり、一九八七年に上映された『ベルリン・天使の詩』では同じくヴェンダースとともに脚本を書いたりするなどしている。一九八九年にベルリンの壁が崩壊したのちは、フランス・パリ近郊のシャヴィルに移住し、執筆活動を行っている。

ユーゴ紛争をめぐって

一九九一年、冷戦体制の崩壊とかねてより息を吹き返し始めていた民族主義の流れを受け、社会主義国家であったユーゴスラヴィア連邦からスロヴェニア、マケドニア、クロアチアが相次いで独立を宣言する。これを受けて、ハントケは南ドイツ新聞に『第九の国からの夢想者の別れ。過ぎ去ったひとつの現実。スロヴェニアについての回想』（一九九一）を寄稿し、ユーゴスラヴィア解体のきっかけとなったスロヴェニアの分離独立を批判している。その後さらにボスニア・ヘルツェゴヴィナの独立をめぐり、一九九二年から三年にわたって当地のボシュニャク人（ムスリム人）、クロアチア人、セルビア人が三つ巴の激しい戦闘を繰り返した。とりわけボスニア・ヘルツェゴヴィナ領内からさらにスルプスカ共和国として分離独立をはかり、ユーゴスラヴィア領セルビアとともに「大セルビア」を形成しようとしたセルビア人勢力が、民族的に純粋な領土を獲得する目的で、ボスニアとセルビアの境界を流れるドリナ川沿いのボスニア・ヘルツェゴヴィナ領スレブレニツァにおいて八千人ものボシュニャク人を殺害したとされる「スレブレニツァの虐殺」は、第二次世界大戦以降ヨーロッパで最大のジェノサイド（大量殺害）と認定されている。[3] このように国際世論においてセルビア側が「〝侵略者〟と呼ばれる人々の国[4]」として激しい非難を浴びているさなか、一応の停戦を迎えることに

図２　ペーター・ハントケ『冬の旅』（1996）表紙

なった一九九五年十一月、ハントケは当時まだモンテネグロとともにユーゴスラヴィア連邦（新ユーゴ）を構成していたセルビアを旅する。そして翌一九九六年一月にふたたび南ドイツ新聞に紀行文『セルビアのための正義、あるいはドナウ川、サヴァ川、モラヴァ川、ドリナ川への冬の旅』（図2）を発表する。[5] そこで彼はユーゴスラヴィア紛争で一方的にセルビアを悪と決めつける西側メディアの偏った報道を批判している。しかし、国際的に大きな非難を浴びているセルビアを擁護するかのような彼の言動は、「ユーゴ・ノスタルジーに取り憑かれたドン・キホーテ[6]」として、メディアのみならず、オーストリア国内外の知識人からも激しい非難を浴びることになった。[7]

『冬の旅』

ハントケが『冬の旅』で強調するのは、メディアで触れられていないセルビアで暮らす人々の日々の生活である。しかし知識人の多くは、ボスニア紛争におけるメディアの報道の偏りがこの紀行文を書くきっかけであったとするならば、なぜハントケは紛争の中心であったボスニア・ヘルツェゴヴィナではなく、あえてセルビアへ向かったのか、と疑問を投げかけた。たしかに旅の後半、ハントケはボスニア・ヘルツェゴヴィナとの国境にあたるドリナ川の橋のたもとまでやって来る。しかし、その橋を越えて対岸のボスニア・ヘルツェゴヴィナに足を運べば、おびただしい数のボシュニャク人が殺害されたり追放された痕跡がいやでも目に入ったはずなのに、ハントケは橋を越えないのである。[8] 経済制裁下にあえぐセルビアの人々に焦点を当てることによって、むしろジェノサイドによってボシュニャク人がこうむった甚大な被害を矮小化していないか、といったハントケの歴史修正主義的な描写方法に対する批判が後を絶たなかった。[9] さらにいえば、彼のセルビアの風景や人々の描写は、バルカン半島の文化事情や言語についてのハントケの知識不足もあいまって具体性に欠けており、彼が描くセルビアとははたして「どのセルビアのことなのか」[10]（ミロ・ドール）、実際に見聞きしたことよりも、むしろ「すでに頭の中に出来上がっていたイメージを旅の中で追認する」[11] ことに関心があるだけではないか、といった批判もなされた。のちに触れるように、ハントケは冷戦体制が崩壊する直前に長編小説『反復』で主人公が旅するユーゴスラヴィア・スロヴェニアの地を「第九の国」という一種のユートピアとして表象しており、主人公と同様、彼自身の理想郷をかつてのスロヴェニア、さらにはユーゴスラヴィアを維持しようとする当時のセルビアに投影しているだけではないか、とみなされたのである。[12] こうした数々の批判に対し、ハントケはヨーロッパ各地で朗読を行ったり、『冬の旅についての夏の補遺』（一九九六）を発表したりするなど、自らの立場をテクストの中で示そうとするが、対マスコミなど表向きには次第に態度を硬化させていく。その後も一切の対話の扉を閉め切ってしまったかのように何の説明もなく繰り返されるハントケとセルビアをめぐる不可解ともいえる言動の数々は、現在もなお多くの人々を当惑させている。[13] ノーベル文学賞受賞後のハントケをめぐる一連の騒動も、これまでの延長線上にあるといえる。

窓のない小箱

こうした一連の議論に対し、数々の非難にさらされながらもハントケが作家として守り抜こうとしているものは何なのか。また反対に、ハントケの作家としての立場のいかなる点が問題なのだろうか。『冬の旅』で描かれているドリナ川に架かる橋を訪れた場面の描写を具体的に確認してみたい。

ハントケは一九九五年十一月、セルビア人の友人が前妻の娘に会いに行くのに便乗するかたちでセルビアの首都ベオグラードから車でボスニア・ヘルツェゴヴィナとの国境を流れるドリナ川沿いの町バイナ・バシュタにやってくる（図3）。軽食とワインで迎えられたのち、地元で暮らす友人の前妻の話を聞くことになる。彼女が戦争については何も知らないこと、ドリナ川を死体が群れをなして流れてくるというが、実際に見たという人を聞いたことがないということ、戦争前は娘を連れてボスニアやアドリア海沿いのクロアチアの町を訪れたものだが今はそれもできないこと、近郊のドリナ川沿いの町ヴィシェグラド[14]やスレブレニツァ出身のムスリム人の友人たちに会うことができずさみしい思いをしている、といったことなどを耳にする。さらにこのセルビア人女性の視点から、スレブレニツァの虐殺が本当であると信じているし、一夜にして村中のムスリム人が殺害され、別の日には同じことがセルビア人にもなされたが、もはやそれについて口にすることは誰にもできない、といったことが語られる。ハントケは作品を執筆するにあたり、どの会話をテクスト化するかについて意識的に選別を行ったことは疑いない。その結果、テクストの内容がセルビア寄りとみなされたことも確かである。とはいえ、ハントケ自身が会話内容を誘導すべく口をさしはさんでいたわけでもない。

　この会話の翌日、ハントケは雪の降りしきる中を、友人らとともに徒歩で

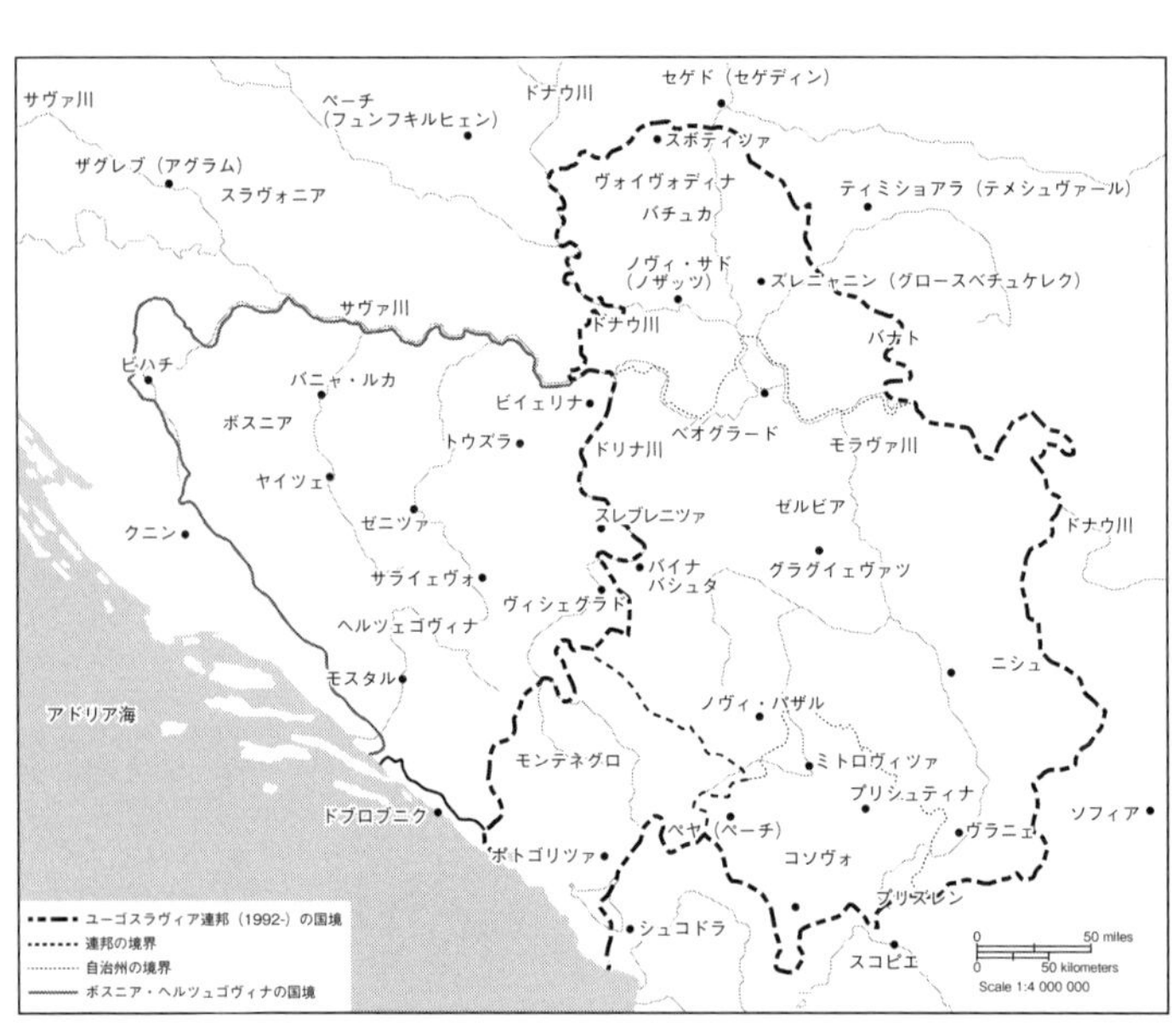

図３　1991 年以降のユーゴスラヴィア

町外れの国境に向かう。そしてボスニア・ヘルツェゴヴィナとセルビアという二つに分かたれた世界をつなぐ橋の上にたたずみながら、ハントケは三つのものを目にしている。ひとつは橋の中央の手すりに設置された小箱である。ハントケは当初それがランタンであり、死者のために夜の間じゅうロウソクの炎がともされているといった想像を抱くが、実際に箱を開けてみると煙草の吸い殻でいっぱいになっている。その後目にするのが、対岸のボスニアに並ぶガラス窓の割れた家々の前で銃を構えている国境守備兵である。ハントケは彼の目に「癒してあげることも、うかつに立ち入ることもできない悲しみ」[15]を見て取ったような気がする。さらにボスニアの山腹に広がる農村を見渡すと、屋根や窓ガラスのないバラックのような家屋が点在しているのが目に入る。しかしハントケの目にはそれらの家屋が建設中なのか、それとも破壊されたのか判別できない。このように、『冬の旅』でハントケは一貫して、ひとつの対象を透明の箱のように見通すことなどできないこと、対象を描写するのに万人に通じる正解などなく、ある一面から見た主観的な印象に大いに左右されていること、同じ対象を外側から見るだけでは見方によっては全く正反対の印象を受けることを示そうとしている。[16]これは『冬の旅』を執筆するきっかけであった、メディアの一方的な論調に対する批判であると同時に、『観客罵倒』や『自己負罪』(一九六六)など、言語を用いる話者とそれを受け止める聞き手との間に生まれる効果のみで舞台が構築される話劇で作家としてのキャリアをスタートさせたハントケならではの言語観を示している。さらにいえば、国境警備隊を目にしたハントケは、「あの男から悲しみ取り去ることができたとすれば神だけだろう」、と述べたり、「私たちが神の世界に入りこむことは許されないが、神は私たちをつかのまこんな風にその世界の閾(しきい)に立たせ、物事を見聞きさせたのだ[17]」と述べたりするなど、自らの無力さを「神」という言葉を持ち出して説明する。それによって、われわれ人間がそもそも「歴史」という限られた時空にとらわれて生きている限定的な存在であることを示そうとしているのがわかる。ハントケは確かにここでドリナの橋を渡らないのだが、その理由として自分が橋の上に立って感じたのは「好奇心」ではなく「気おくれ」にほかならなかったからだと述べている[18]。これまでの人生の過程でヤルビア人の友人をもつことになったハントケが、戦時下で川向こうのムスリム人の友人と会うこともままならなくなったセルビア女性の話に耳を傾けることに至った翌日に作家であるからといって容易に橋を渡ることができるほど、彼は自らをこの場へといざなった歴史的状況から切り離されていないと感じたのではないか。だからこそ、ジャーナリストがあらかじめ見知った情報を確かめたいという「好奇心」だけで虐殺のあったボスニアの町にあっさりと姿を現し、現地の人々の暮らしには興味を向けず、あたかも神の視点に立ったかのようにひとつの民族を断罪するレポートを書くことに怒りを覚えたのではないか。

『反復』

スロヴェニア人の母とドイツ人の父との間に生まれ落ちたオーストリア人であるハントケにとって、自らではどうにも変えようのない状況下に置かれていること――第1部第3章のカフカの章で用いた表現を借りるならば「自分のいる状況の根本的な奇妙さ」――といかにして向き合い、生きるかというのは、彼の文学上の重要なテーマであった。そのことがよくわかるのが、一九八六年に発表された長編小説『反復』(Die Wiederholung) である。この作品から彼の文学観を読み解きつつ、そのうえで『冬の旅』におけるハントケの問題点をあらためて考えてみたい。

『反復』はハントケの自伝的色彩の強い長編小説である。とはいえ、主人公はハントケの場合とは反対にスロヴェニア人の父とドイツ人の母の間に生まれたという設定になっており、伝記的事実をモデルにしつつも文学的な虚構であることがわかる。この作品の前半で語られるのは、ケルンテン州の村でドイツ語を話す多数派住民とスロヴェニア語を話す少数派住民との間にはさまれて暮らすコバル家[19]の次男、フィリップ・コバルのいささか自意識過剰ともいえる孤独感である。彼はドイツ語を話す多数派のまなざしに、いつも値踏みされているような気になる。道端でオーストリアや南ドイツでよく耳にするドイツ語の„Grüß Gott!“(こんにちは）という挨拶を受けただけで、それが挨拶をした側の集団に属しているか試されているような気がしたり、歩道を歩いていると誰かがこっちをじろじろ見ていると思い、眼を上げてみたらただのマネキンの虚ろな眼だった、といったエピソード[20]は、主人公のかなり神経質な自意識を表現しているといえよう。反対に教室のすみに集まってささやくように話しているスロヴェニア人に対しても、ほかの連中に対して結託するために集まっているかのように感じて反感をもつが、彼らはただ誰も刺激したくなかっただけのことで、話の中身も、天気のこととか、学校のこととか、他愛のないことしか話していないのである。このように、フィリップは他人が何をどう感じているかについては――ちょうど『冬の旅』で描かれる橋の手すりの小箱のように――見通すことのできないもどかしさを感じながら、自分自身についてはは窓の外からいつも覗かれているような落ち着かない自意識をもちあわせているのである。

「自分だけの現実」をめぐって

他人になじめず、自分が「追放者」や「よそ者」であるかのように感じてしまうフィリップにとって、唯一安心できる場所は、家と学校の間を往復する路線バスの中であった。乗り物に乗って移動している間は、貧乏でも金持ちでもなく、善人も悪人もなく、ドイツ系でもスロヴェニア系でもない、「誰ともつかぬ者（Unbestimmbare）[21]」になれたからである。ところでこうした生まれながらにして持ち合わせた特性を捨てて「白紙の状態（tabula rasa）」になりたいという願望については、本書では世紀転換期ウィーンの同化ユダヤ人の章（第2部第2章）で取り上げた。その際S・ベラーを引用して強調したように、世紀転換期ウィーンの同化ユダヤ人は、自分のかつて属していた集団への帰属意識を失い、自らの意識ではもはやユダヤ人でないにもかかわらず、当時蔓延していた反ユダヤ主義のためにユダヤ人としてみなされ、その結果ドイツ人にもオーストリア人にもなれなかった。自分が誰なのかという確固たるアイデンティティを失った彼らが「ルーツの代替物」として重視したのが、ほかの誰のものでもない文化を自らの手で新たに作り出すことであった。『反復』におけるフィリップ・コバルもまた、「誰ともつかぬ者」になりたいと願いつつも、自らのよすがとなるものを探している。興味深いのは、そのよすがとなるものが、スロヴェニアに一度も足を踏み入れたことのない母親による、夫のスロヴェニア話を自由に脚色したメルヒェンじみた物語であったり、第二次世界大戦中のユーゴスラヴィアでコバル家のルーツとなる歴史や伝説をたどろうとした主人公の兄が送ってよこした手紙や彼のノートをきっかけに形成されるということである。フィリップは、そうした家族の言葉から、現実のユーゴスラヴィアやスロヴェニアとは何の関係もない、純粋に言語が導き出すイメージによって紡ぎ出された「変容」[22]したスロヴェニア像――ハントケはこれを「第九の国」と呼ぶのだが――を頭の中に作り上げ、それを自らの存在の大事なよりどころとすることで現実世界を生き抜こうとするのである。

ただし、ここで強調しておかなければならないのは、フィリップが心に思い描く神話化されたユーゴスラヴィア・スロヴェニアは、いわば「自分だけの現実[23]」であり、その存在はほかの誰かに見透かされることもなければ、共有されることもないということである。それゆえ放っておけば日々の生活の中でもまれているうちにいつしか姿を消しかねない、はかない想像物である。『反復』の後半、フィリップはコバル家のルーツとされる十七世紀末のスロヴェニアの伝説的英雄グレーゴル・コバルの足跡をたどる兄の旅をさらに反復する形で、兄の農業学校時代の作業ノートと辞書を手にスロヴェニアのカルスト地方を旅する。これは兄のことを回想し、彼の考えや先祖への思いをノートから読み解き、フィリップ自身の中で物語化することによって、自ら紡ぎ出したスロヴァニアについての自分だけのイメージが彼の人生の「しかるべき場所を占める[24]」ようにする作業にほかならない。ハントケは作品の中で「回想とは気ままに振り返って考えることではなく、一種の労働作業だ[25]」と述べているが、あたかも「道路作業夫[26]」が他人に目もくれず黙々と道なき道を切り開き、しかるべき道路を作っていていくように、旅を続けるフィリップもまた、それまで気にしていた他人の目をもはや意識することもなく、「自分だけの現実」に言葉を与える作業に没頭していく。さらにいえば、『反復』の語り手である四十五歳になったフィリップ自身もまた、二十五年前に行った青年時代の自分のスロヴェニア旅行をさらに回想することによって反復し、「自分だけの現実」に「物語」としての形式を与えていくのである。

作者であるハントケ自身も、『反復』という虚構の芸術作品を執筆することによって、母の死を契機に揺らいだ自らの存在のよりどころとなるものを見出していたはずである。一九九一年のスロヴェニア独立をきっかけに書かれたエッセイ『第九の国からの夢想者の別れ』は、そのタイトルが如実に示すように、小説という美的形式に収められていたはずの「第九の国」という変容した――すなわち神話化した――ユーゴスラヴィア・スロヴェニア像が、いつしかハントケ自身にとって守り抜くべき「自分だけの現実」へと転化してしまっていることを示している。ただし、ここで『冬の旅』をめぐる問題にふたたび立ち戻るならば、このハントケ自身の心の内に秘めた「ほかの誰かに見透かされることもなければ、共有されることもない」自分だけのイメージと、ハントケがメディアを批判し、セルビアを旅することで浮かび上がらせようとした、ユーゴ崩壊の歴史のさなかを生きる人々の姿とが、必ずしも一致しないのである。にもかかわらず、セルビアの人々の日常生活を――あたかもカフカの『変身』で毒虫と化したグレーゴルが、妹を自分だけの内側の世界へと引き込もうとするかのように――彼だけが持ち合わせているイメージ世界へと引き込もうとしていること、別の言い方をすれば、人々に寄り添ってその日常を描いていたはずなのに、それがいつしか彼自身が小説を執筆することで浮かび上がらせた美的イメージをつなぎとめるための目的に転じてしまっていること、そのことに人々は強い違和感を抱くのではないだろうか。

おわりに

ペーター・ハントケが、自らと作品を通じて示した、「ほかの誰かに見透かされることもなければ、共有されることもない」自分だけの現実。そして、この自分だけの現実をひとり抱えながら生きる、孤絶した人間のイメージ。それは歴史に翻弄され続けてきた中央ヨーロッパの人々の姿であり、またその中欧から遠く離れた世界で暮らす私たち自身の姿でもある。本書を閉じるにあたって、「中欧とは何か」という冒頭の問いにふたたび立ち戻りながら、全体を――これまでと少し別の角度から――まとめてみたい。

歴史への不信

中欧の歴史上、人々がいかにして心のよりどころとなるイメージを虚構してきたかについては、本書を通じてさまざまな形で取り上げてきた。ドイツ化を強いられ、チェコ語文化を失いかけたチェコ人が、古文書を偽造してまで自らのものにしようとした、リブシェとプシェミスルの建国伝説（第1部第2章）。第一次世界大戦後に「誰も望まない」小国と化したオーストリアでドイツ系住民が思い描いた、ヨーロッパの理念となるべき民族協調のオーストリア文化（第3部第2章）。反ユダヤ主義とナショナリズムが行きついた野獣性を前に、時代錯誤の君主制復活を求めて奔走した、ヨーゼフ・ロートのドン・キホーテ的行為（第2部第4章）。ナチス＝ドイツを熱狂的に受け入れたオーストリア人が戦後の混乱下に飛びついた、いわゆる犠牲者神話（第3部第3章）。あるいは、宗教・民族・言語といった、より抽象的な集合概念。これらはいずれもその虚構の枠組みの中で「自分たちだけの現実」として機能しているかぎりは、それぞれの存在のよりどころとして機能するかもしれない。しかし同時に他者からすれば独善的かつ排他的で、存在を脅かしかねないイメージでもありうること、そして、自らの世界観を貫こうとするばかりに、いかに多くの摩擦や争いが起こったかについては、本書で取り上げた例にとどまらず、異なる価値観をもった人々がひしめき合う中央ヨーロッパを見渡せば、無数に見出すことができよう。

しかし、小国ばかりで構成され、大国によって運命を左右され続けた中欧において、「自分たちだけの現実」をめぐる争いは、多くの場合、敗北に終わったのだった。「はじめに」で触れたチェコ出身の作家ミラン・クンデラの言葉をふたたび取り上げるならば、中央ヨーロッパとは、ワルシャワ、ウィーン、ブダペスト、リュブリャナなど、いくつもの異なる中心点から構成された「多中心的（polyzentral）[1]」な世界であり、けっして自ら望んで統一体をなしたことなどなかったのであった。しかし、あえて中欧固有の世界観を形成しているものがあるとすれば、それは勝者が作り出す歴史に対する、あるいは歴史のつねに客体でなければならなかったことに対する幻滅だった、とクンデラは述べる。歴史への深い不信感、これを「類似の経験[2]」として共有している点において、中欧はひとつのまとまりをなしているのである。彼は代表作である長編小説『存在の耐えられない軽さ』(一九八四)で、歴史を二度と同じことが繰り返されることのない「人類の宿命的な未体験[3]」の記録と位置づけつつ、自らの祖国であるチェコの歴史を振り返っている。三十年戦争のきっかけとなった、チェコのプロテスタント貴族がハプスブルク家の王の代官をプラハ城窓外に投げ落とした一六一八年の「プラハ窓外放擲事件」(第1部第2章)にせよ、チェコスロヴァキア解体の端緒となった一九三八年のミュンヘン会談におけるヨーロッパ各国のナチス宥和政策、およびズデーテン地方へのドイツ軍の侵攻を見守ることにしたチェコスロヴァキア側の慎重な反応にせよ、チェコはそのつど先例のない一度限りの状況下で、ときには大胆に、ときには冷静に振舞いながら、「こうでなければならない(Es muss sein)[4]」という重い決断をしてきた。しかし正解のわからないまま下されたその決断は、大国の意向によってあっさりとくつがえされ、あるときは民族としての暗黒時代を迎え、またあるときは祖国を失う結果をもたらしたのであった。

「マリアヒルファー通りが見つからない」

「一度はものの数にも入らない（Einmal ist keinmal）」[5]とは『存在の耐えられない軽さ』にも登場するドイツ語のことわざである。自らを取り巻いていたはずの世界が、あまりにも軽く、歴史的時間の抗うことのできない暴風の中で新たな状況に取って代わられ、あたかもそもそものはじめから存在していなかったかのように無と帰してしまうさまを、中央ヨーロッパの作家たちは祖国の歴史だけでなく、その歴史を生きる個人の生においてもそれぞれ類似の経験として描き出している。一例を示してみよう。ユーゴスラヴィアの作家ダニロ・キシュ（Danilo Kiš, 一九三五〜一九八九）は、自伝的小説『若き日の哀しみ』（一九七〇）の中で、第二次世界大戦によって影も形も失われてしまったマロニエの並木道沿いのかつての実家を求めてさまよう主人公の姿を描いている。「どなたかの家のドアをノックして、たずねてみるつもりです。この通りは戦争前にはベーム通りと呼ばれていなかったかって。なぜって、僕には今となってはすべてがとても疑わしく思えるからです。よろしいですか、あんなにたくさんあったマロニエの木があっさりと消えてしまうなんて、僕には信じられない。少なくとも一本くらい残っているんじゃないかって。木というものは何といっても長生きですし、マロニエだってそうです。いいですか、そんなに簡単に枯れたりしません。だからですね、奥さま、自分の目が信じられないんです。誰ひとりとしてこのマロニエの木がどこに消えてしまったのか、説明できないんですから。あなたがいらっしゃらなかったら、すべて自分の作り話か、夢でも見ていたんじゃないかと思ったでしょう。というのも、よろしいですか、われわれの記憶というものは、なんといってもそんなものだからです。けっして確かではありません。ありがとうございます、奥さま、家を探しに行きます。僕が暮らしていた家を。いえいえ、とんでもありません。ひとりになりたいんです[6]」。主人公アンドレアス・サムが少年時代に家族とともにマロニエの通り沿いの家に暮らしていたことは、春になるとマロニエの花の「むっとするような重苦しい香り[7]」が通りじゅうに満ちあふれていた記憶とともに確かなことである。しかし自分が暮らしていたはずの住所にはすでに別の住人が生活しており、枕を置いて眠っていたあたりには林檎の木が節くれだってねじれた幹をのばしている。自らが思い描いていた記憶上の現実と、歴史が提示する現実とのギャップが激しければ激しいほど、残酷なまでに目の前に広げられた現実は、マロニ

図1　マロニエの通りの一例
(写真はウィーン・プラーター)

エ（セイヨウトチノキ／カスターニエン）の通り（図1）という、ヨーロッパのどこにでもあるような特性のない風景に対する自らの記憶と同じくらい疑わしく、受け入れることができないのである。そのとき、目の前の現実はしばしば「別様でもありえるかもしれない（Es könnte auch anders sein）」[8]可能性としての現実と二重写しになる。

第3部第3章で取り上げたオーストリア出身の作家トーマス・ベルンハルトの戯曲『ヘルデンプラッツ』で描かれる登場人物たちも、歴史が提示する現実をむしろ不信のまなざしのもとで拒絶していたのであった。第二次世界大戦後、オーストリアが主権を回復したのちに帰郷したかつての亡命ユダヤ人のひとりであるシュースター教授は、ナチス＝ドイツの支配がとうの昔に終わっているにもかかわらず、亡命前よりもさらに深刻なユダヤ人憎悪が広がっているウィーンを目の当たりにする。彼もまた目の前

図2　左：1930年代のマリアヒルファー通り　右：2020年現在のマリアヒルファー通り

の現実を現実として受け入れられずに苦悩し、ついには自ら命を絶ったのだった。シュースター教授がかつて弟ローベルトに語ったとされるウィーン有数の繁華街を東西に貫くマリアヒルファー通り（図2）をめぐる次のような言葉は、記憶の中のもうひとつの現実にとらわれ、歴史を生きることに困難を感じていた彼自身の――あるいは歴史の客体となることを余儀なくされた中欧の人々の――内面世界を端的に象徴している。

マリアヒルファー通りへ行って
マリアヒルファー通りを探すのだが、
マリアヒルファー通りにいるくせに
マリアヒルファー通りが見つからない(9)

「記憶とはつねに欺くものだ。記憶とはいつもまったくの虚像なのだ(10)」と語る弟ローベルトは、目の前の「どうにも変えようのない」現実からのがれ、ウィーンから離れた新興都市ノイハウスに閉じこもり、すべてをなかったかのように暮らすことで心の平安を守ろうとしていたのであった。それは結局のところ、人間であれば否が応でも乗らねばならない歴史という名の列車から降りることにほかならない。それゆえ、ローベルトは自ら次のように告白する。「私自身もう何年も前から死んでいるといっても過言ではありません。兄は自殺しました。

私はノイハウスに行きました。ひょっとしたら同じことなのかもしれません、たぶん。私はとっくの昔から、もはや生きてはいないのです[11]」。

天使が俯瞰する歴史

『冬の旅』をめぐる騒動以来、ペーター・ハントケもまた、まるで自室に鍵をかけて閉じこもってしまったかのようにマスコミの問いかけをすべてシャットアウトし、パリ近郊のコミューンであるシャヴィルに引きこもって執筆活動を続けている[12]。しかし、だからといって、『ヘルデンプラッツ』のローベルトがそうであったように、ハントケが歴史に背を向け、オーストリアから遠く離れたフランスですべてをなかったことにしようとしているかといえば、それもまた異なるであろう。なぜなら、彼の生み出したテクストから読み取ることができるのは、自分だけにとってかけがえのない心のよりどころを内に秘める人間、ときには外的現実に思いもかけない形で脅かされながらも歴史とともに生きるすべての人間をいつくしみ、寄り添おうとするまなざしなのだから。

そのことはハントケが『反復』とほぼ同時期にヴィム・ヴェンダースとともに脚本を手がけた映画『ベルリン・天使の詩』(Der Himmel über Berlin, 一九八七)を観ればよくわかる。舞台となるのは、第二次世界大戦による破壊の痕跡が色濃く残る、東西に分断された冷戦末期のベルリン――すなわちハントケにとっては、ユーゴスラヴィア・スロヴェニアと並ぶ、もうひとつのルーツである。スクリーンに映し出されるのは、周囲を壁で取り囲まれた西ベルリンで暮らす名もなき人々の姿である。スクリーンの中では、テレビを退屈そうに見つめる子どもと背中合わせに盲目の老女がひとりソファに身を沈め、女がラジオを大音量で流しながら引っ越したばかりの部屋の配置に考えを巡らし、母親を亡くした男が懐かしい匂いのする実家で両親との思い出に浸っている。建物の外では娘を後部座席に座らせた母親が「もうひとりじゃない、やっと救われた[13]」と夢中になって自転車をこぎ、助手席の女に泣きつかれながら男が「こいつのせいでまた破滅しちまう[14]」とうんざりしながら車のハンドルを握っている。それぞれが心の内側でまったく別々のことを考えており、その思いがほかの人々に届くことはない。

　彼らに寄り添い、心の内側で語られるそれぞれのモノローグを耳にすることができるのは主人公ダミエルや友人カシエルをはじめとする天使だけである。天使はベルリンの人々を閉じ込める壁のはるか頭上から、あるいは図書館の閲覧席の隣にひっそりと、身体をもたないかりそめの存在として時間や場所を超越して人間に寄り添い、心のすべてを見透かしている[15]。しかし天使たちが俯瞰する人間の世界とは――これまでに本書で扱ってきた中央ヨーロッパの世界がまさにそうであったように――愛や喜びだけでなく、暴力や悲しみに満ち溢れた世界である。スクリーンには第二次世界大戦の空襲で瓦礫と化したベルリンの街や路上に横たわる死者の姿が、フラッシュバックのように何度も映し出される。ヴェンダース／ハントケの描き出す人間は、ベルリンという都市の歴史と同様、そのつど自らの存在のよりどころがすっかり消え失せてしまうような喪失体験を繰り返しているのである。そうした虚無感を抱えながら生きるひとりが、天使ダミエルと図書館の階段ですれちがう老人である。ホメロスと呼ばれるこの老人は、閲覧席で古い時代の肖像写真を眺めたり、天体の運行模型を動かしたりしながら時を過ごすと、杖をついて図書館を後にし、近くのポツダム広場に向かう。この広場は一九二〇年代から三〇年代にかけては都市交通の要衝であり、ホテルやカフェが立ち並ぶ、ベルリンでも有数の繁華街であった。しかし第二次世界大戦末期の激しい空爆と砲撃によって、広場周辺の建物の多くが破壊され、さらには冷戦時代にベルリンの壁が建設されたことによって広場自体が東西に分断された。この映画の舞台となった一九八〇年代には廃墟となった建物も解体され、更地と化していた[16]（図3）。雑草の生い茂る広場に置かれたソファに身をうずめる老人に天使カシエルが寄り添うと、老人の心の声が聞こえてくる。「ポツダム広場が見つからない[17]」。ホメロス老人はつぶやく、「ポツダム広場なら、ここに

図3　ポツダム広場（『ベルリン・天使の詩』の一場面より）

はカフェ・ヨスティがあって［……］午後になるとおしゃべりをしたり、コーヒーを飲んだり、通り過ぎゆく人の姿を眺めたり［……］、だから、ここがそうだなんてありえるものか、ポツダム広場だって？　そんなわけない！(18)」

「私には歴史がある」

不慮の事故に巻き込まれ、瀕死の状態で路上に横たわる男。彼を引き留めようとするすべての雑音をヘッドホンでシャットアウトしてビルの屋上から飛び降りる男。この映画で描かれる天使は、どんなに悲痛な状況下の人間であってもその傍らに存在し続け、人間の営みを見つめ続ける。主人公の天使ダミエルはあろうことか人間になろうとさえする。では、人間のいかなる側面が天使を惹きつけるのだろうか。別の言い方をすれば、ヴェンダース／ハントケは、天使の存在を通じて人間のいかなる側面を肯定しようとしているのだろうか。

天使が人間に憧れる、それは天使にはできないことが人間にはできるからである。たとえば、天使は全知全能であるがゆえに、人間のように先のわからないことをぼんやりと「予感(19)」することができない。「太古の昔」や「永遠」は知っていても、突風をうけて「今」を感じたり、不意の出来事に驚いたりすることもない。感情とは、人間のように限られた時間を生き、身体という小箱に押し込められた自分の五感を超えては世界を把握できない限定された存在だからこそ生まれるのである。それゆえ天使ダミエルは、ともすれば日常の中で忘れがちな、ほんの些細な人間の感情の揺れ動きに対しても憧れを抱く。「いいもんだろうな[20]」、とダミエルは目を細める、「指先が黒くなるまで新聞を読みふけったり［……］ご飯の時間にはしゃいだり、うなじに見とれたり［……］テーブルの下で靴を脱いで、足の指を伸ばす、こんなふうに裸足の感触を味わったりしながら［……］[21]」

また、天使は実体をもたないかりそめの存在であるがゆえに、人間の生活に関与することもできない。主人公の天使ダミエルが恋に落ちるサーカスの曲芸師マリオンは、あたかも彼女自身が天使であるかのように背中に翼をつけ、空中ブランコで宙を舞おうとする。しかし人間の身体は、注意を集中させないとあっという間に重力によって転落してしまう。さらにはサーカス自体が不況のあおりを受けて解散することになり、マリオンは職を失ってしまう。それは彼女にとってはそれまでの給仕生活に逆戻りすることであり、ベルリンにやってきてようやく自分が何者なのかわかるような気がしていた彼女の生の歩みをいとも簡単に断ち切ってしまう。「始まったばかりなのにいつも終わってしまう［……］実現するには美しすぎる夢［……］[22]」。彼女もまた、ベルリンで暮らすほかの人々と同じように、自ら思い描いていた世界が目の前の現実によって阻まれてしまい、憂いに沈む。「いつも思い通りにいかない。なんてむなしい、なにもかもが、こんなにむなしい[23]」。そんな彼女に、実体のないダミエルは声をかけることも、視線を交わし合うこともできず、存在を知られることもないまま黙って寄り添うことしかできない。

天使が人間になりたいと願う、それはこうした逆境でも生き続けるほかない人間に触れたい、関わりたいと望むからこそではないだろうか。サーカスの最終公演を終え、ささやかな宴会の場で共演者たちと笑いながら歌ってみせるマリオンの心の中で、次のような言葉が紡ぎ出されることに、ダミエルは心臓を射抜かれたようにはっとする。「私には歴史がある。これからだってそう[24]」。時空を超えてすべてを見通すことのできる天使にはそもそも歴史は存在しない。その一方で、たとえ失意と後悔ばかりの人生だったとしても、その一度きりの人生を歩むこと、すなわち自らの歴史を刻むことができるのは、人間だけである。ドイツ語で「歴史（Geschichte）」とは同時に「物語」でもある。人間になってみたい、触れて、関わりあってみたい、とはすなわち、人間たちが紡ぎ出すそれぞれの歴史／物語を読み解きたい、そして自らの紡ぎ出す歴史／物語の糸とともに織り合わせていきたいという願望にほかならない。そのようにしていつしかダミエルは「永遠に漂うよりも、自分で重みを感じたい[25]」と、人間として生きることを望むようになるのである。

ポツダム広場に座りこんでしまったホメロス老人、彼もまた、目の前に広がる現実がたとえ受け入れがたいものであっても、『ヘルデンプラッツ』のシュースター教授のように死を選んだりはしない。弟ローベルトのようにすべてをなかったかのようにやり過ごすわけでもない。疲労困憊してソファに身を沈めていたはずの老人は、痛む頭をさすりながらつぶやく。

「だとしても、あきらめんぞ、わしのポツダム広場が見つかるまでは！　わしの物語の主人公たちよ、どこにいった？[26]」彼はいわば歴史をさまよう吟遊詩人ホメロスとして、今という時代の叙事詩を紡ぎ出そうとする。しかしここで語られようとしているのは、トロイア戦争のごとく神話的太古の昔から語り継がれる戦乱もなければ王族も存在しない、平和な時代の叙事詩である。それは「世界の片隅[27]」で語られる「ほかのものと区別のつかない[28]」小さな出来事からばかり構成されるような些細な物語である。「私にとってのポツダム広場」が失われたこと、それはマロニエの通りやマリアヒルファー通りが見つからないのと同様、世界大戦や東西冷戦といった「大きな物語」と比べたらとるに足らないことかもしれない。しかしその世界の片隅で語られる「小さな声」を聞き取り、歴史／物語としてさらに語り伝えていくこと、それが人間を肯定し、生き続けるうえでいかに重要であるかを、この映画はホメロス老人を通じて伝えようとしている。「語れ、ムーサの女神よ[29]」老人はつぶやいている。「わしがここであきらめてしまったら、人類は語り手を失ってしまう[30]」、と。

＊＊＊

ベルリンの歴史を俯瞰的に撮影しながらも、歴史を生きる当事者であるがゆえにけっして天使にはなれない監督ヴィム・ヴェンダースも、ドリナ川の橋を渡りきることができずに立ち止まり、対岸で銃をかまえる国境警備兵の心の中を見透かすことができない作家ペーター・ハントケも、人間という存在に憧れを抱き、関心を寄せるがゆえに歴史／物語を紡ぎ続けるのではないだろうか。本書で取り上げた中央ヨーロッパのさまざまな作家や芸術家たち、たとえばドイツ人とチェコ人、キリスト教とユダヤ教が共存していた町の記憶をかかえて反ユダヤ主義の時代をさまよい続けた作曲家グスタフ・マーラー（第2部第3章）も、反対にドイツ系住民とチェコ系住民が隣り合って生活しつつも言語がこの世界の果てであるかのようにに両者をへだてているさまを見て育った作家カレル・チャペック（第1部第4章）も、やはり表現の方法はちがえども、さまざまな歴史が交差する中欧において、「こうでなければならない」というひとつの現実と「別様でもありえるかもしれない」という可能性とのあいだを揺れ動きながら、他者の待ち受ける歴史的時間に生まれ落ちた人間の物語を紡ぎ出している。そこで語られる普段の生活ではかき消されてしまうような小さな声に立ち止まって耳を傾け、自らがこれまでに紡いできた歴史／物語と織り合わせながらさらに先の時代へと語り継いでいくこと。それが中央ヨーロッパという、ひょっとしたら普段の生活では縁もゆかりもない地域の歴史や文学を紐解く意義であり、遠く離れた地で暮らす人間にもできることではないだろうか。

注

はじめに

（1）ジャック・ル・リデー『中欧論――帝国からEUへ』、田口晃・板橋拓己訳、白水社、二〇〇四年、七頁。

（2）Milan Kundera: Einleitung zu einer Anthologie oder Über drei Kontexte. In: Květoslav Chvatík (Hrsg.): Die Prager Moderne. Erzählungen, Gedichte, Manifeste. Frankfurt am Main 1991, S. 18.

（3）ここで紹介する議論については以下を参照。板橋拓己『中欧の模索――ドイツ・ナショナリズムの一系譜』、創文社、二〇一〇年。

（4）アルノルト・ズッパンは「ヒトラーはここで明らかに三十年戦争のことを意図して話している」と指摘している。Vgl. Arnold Suppan: Hitler–Beneš–Tito. Konflikt, Krieg und Völkermord in Ostmittel- und Südosteuropa. Wien 2014, S. 778.

（5）Erlaß des Führers und Reichskanzlers über das Protektorat Böhmen und Mähren vom 16. März 1939. (https://www.herder-institut.de/digitale-angebote/dokumente-und-materialien/themenmodule/quelle/1950/details.html 二〇二〇年八月一日閲覧)

（6）ミラン・クンデラ「誘拐された西欧――あるいは中央ヨーロッパの悲劇」、里見達郎訳、『ユリイカ』二三（二）、青土社、一九九一年、六二～七九頁。

（7）同上。

（8）Konrád György: Der Traum von Mitteleuropa. In: Antipolitik. Mitteleuropäische Meditationen. Frankfurt am Main 1984, S. 91.

（9）Stefan Zweig: Die Welt von Gestern. Erinnerungen eines

Europäers. Frankfurt am Main 1970, S. 15.

（10）Anton Pelinka: Zur österreichischen Identität. Zwischen deutscher Vereinigung und Mitteleuropa. Wien 1990, S. 135.

（11）ミラン・クンデラ『存在の耐えられない軽さ』、西永良成訳、河出書房新社、二〇〇八年、四四頁。なお、クンデラは作中で「こうでなければならない（Es muss sein）」という言葉をベートーヴェンの弦楽四重奏曲第十六番から、「別様でもありえるかもしれない（Es könnte auch anders sein）」という言葉をローベルト・ムージルの長編小説『特性のない男』から得ている。このふたつの言葉については本書の考察をふまえたうえで、「おわりに」であらためて触れる。

第1部第1章

（1）「ボヘミア」と「チェコ」の表記について。チェコは歴史的にボヘミア（ベーメン）王国と呼ばれたり、チェコ共和国と呼ばれたりするが、これは、ラテン語・ドイツ語・チェコ語の表記が混在しているためである。われわれが「チェコ」と呼んでいるのはチェコ語のČechyにあたる。これをラテン語で表記するとBohemia、すなわち「ボヘミア」である（ドイツ語ではベーメン（Böhmen））。また、ボヘミア／ベーメン／チェコは、国家だけでなく、モラヴィア、シレジアとともにかつての「聖ヴァーツラフ王冠の地」をふまえた一地域としての名称でもある。本書では便宜的にプシェミスル朝以降の国家の名称としては「チェコ」、地域名としては「ボヘミア」とする。

（2）薩摩秀登『物語　チェコの歴史――森と高原と古城の国』、中央公論新社、二〇〇六年、ii頁。

（3）同上、iii頁。

（4）Niklas Perzi/Hildegard Schmoller/ Ota Konrád/Václav Šmidrkal (Hrsg.): Nachbarn. Ein österreichisch-Tschechisches Geschichtsbuch. Weitra 2019, S. 221.

（5）Gustav René Hocke: Die Welt als Labyrinth. Manierismus in der europäischen Kunst und Literatur. Durchgesehene und erweiterte Ausgabe herausgegeben von Curt Grützmacher. Reinbek bei Hamburg 1987, S. 185.　グスタフ・ルネ・ホッケ『迷宮としての世界――マニエリスム美術（下）』、種村季弘・矢川澄子訳、岩波書店、二〇一一年、三一頁。

（6）Hocke, S. 20.　ホッケ『迷宮としての世界（上）』、三三頁。

（7）ロバート・J・W・エヴァンス『魔術の帝国　ルドルフ二世とその世界』、中野春夫訳、ちくま学芸文庫、四六頁。

（8）石川達夫『黄金のプラハ――幻想と現実の錬金術』、平凡社、二〇〇〇年、一二五頁。

（9）Hocke, S. 19.　ホッケ『迷宮としての世界（上）』、三〇頁。

（10）アロイス・イラーセク『チェコの伝説と歴史』、浦井康男訳・注解、北海道大学出版会、二〇一一年、二六一～二六八頁。

（11）Klaus Völker (Hrsg.): Künstliche Menschen. Dichtungen und Dokumente über Golems, Homunculi, Androiden und liebende Statuen. München 1971, S. 434f.

（12）今泉文子『幻想文学空間――世紀転換期のベルリン・ウィーン・プラハ』、ありな書房、一九八五年、一五九頁。

（13）ヤン・シュヴァンクマイエル『シュヴァンクマイエルの世界』、赤塚若樹編訳、国書刊行会、一九九九年、八〇頁。

第1部第2章

（1）Johannes Arndt: Der dreißigjährige Krieg 1618-1648. Stuttgart 2018, S. 71.

（2）『黄金のプラハ』、一三一頁。

（3）石川達夫『マサリクとチェコの精神――アイデンティティと自律性を求めて』、成文社、一九九五年、一四頁。

（4）Fritz Mauthner: Prager Jugendjahre. Erinnerungen. Frankfurt am Main 1969, S. 118.

（5）Gary B. Cohen: The Politics of Ethnic Survival: Germans in Prague, 1861-1914. West Lafayette 2006, S. 19. 加えてプラハ

のゲットーには六四〇〇人を超えるユダヤ人が暮らしていた。彼らもまたドイツ文化に同化してゆく。なお、コーエンが依拠するシュナーベル編纂の統計（Georg Norbert Schnabel: Tafeln zur Statistik von Böhmen. Praque 1848）によると、ボヘミア全体には一八二万八一〇五人のドイツ人と二五七万七三九九人のスラヴ人がいた。Vgl. Cohen, S. 230.

（6）Holm Sundhaußen: Der Einfluß der Herderschen Ideen auf die Nationsbildung bei den Völkern der Habsburger Monarchie. München 1973, S. 26-29, sowie 38-41

（7）川村清夫『ターフェとバデーニの言語令――ハプスブルク帝国とチェコ・ドイツ民族問題』、中央公論事業出版、二〇一二年、二二頁。

（8）アロイス・イラーセク『チェコの歴史と伝説』、五五頁。

（9）ベネディクト・アンダーソン『定本　想像の共同体――ナショナリズムの起源と流行』白石隆・白石さや訳、書籍工房早山、二〇〇七年、二四頁。

（10）石川達夫『マサリクとチェコの精神――アイデンティティと自律性を求めて』、成文社、一九九五年、二二二頁。

（11）Fritz Mauthner: Prager Jugendjahre, S. 124.

第1部第3章

（1）山下肇『近代ドイツ・ユダヤ精神史研究――ゲットーからヨーロッパへ』、有信堂高文社、一九八〇年、二〇一頁。

（2）Cohen, S. 70f.

（3）三谷研爾『世紀転換期のプラハ――モダン都市の空間と文学的表象』、三元社、二〇一〇年、二八頁。

（4）マーク・アンダーソン『カフカの衣装』、三谷研爾・武林多寿子訳、高科書店、一九九七年、二七頁。

（5）Franz Blei: Zeitgenössische Bildnisse. In: Schriften in Auswahl. Herausgegeben von A. P. Gütersloh. München 1960, S. 295.（フランツ・ブライ『同時代人の肖像』、池内紀訳、法政大学出版局、一九八一年、一二八頁）

（6）エマヌエル・フリンタ『プラハ　カフカの街』、阿部賢一訳、成文社、二〇〇八年、一〇八頁。

（7）クラウス・ヴァーゲンバッハ『カフカのプラハ』、須藤正美訳、水声社、二〇〇三年、八五頁。

（8）Mauthner: Prager Jugendjahre, S. 49.

（9）Franz Kafka: Brief an den Vater. Faksimile. Herausgegeben und mit einem Nachwort von Joachim Unseld. Frankfurt am Main 1994, S. 154-157.（フランツ・カフカ『決定版カフカ全集3　田舎の婚礼準備、父への手紙』飛鷹節訳・新潮社、一九八一年、一五〇～一五二頁）

（10）Ebd., S. 160.（同上、一五四頁）「ページの片隅に（zur Seite）」と訳したが、飛鷹訳では「物陰へ」となっている。Seite とはドイツ語で「側面」や「かたわら」という意味のほかに「紙面」や「ページ」という意味がある。ここではあえて文学の世界に逃げ込むカフカの姿を物陰へ隠れる虫と重ねて訳してみた。

（11）Franz Kafka: Die Verwandlung. In: Schriften Tagebücher. Kritische Ausgabe. Drucke zu Lebzeiten. Herausgegeben von Wolf Kittler, Hans-Gerd Koch und Gerhard Neumann. Frankfurt am Main 2002, S. 185.

（12）Ebd., S. 186.

（13）Franz Kafka: Schriften Tagebücher. Kritische Ausgabe. Nachgelassene Schriften und Fragmente II. Herausgegeben von Jost Schillemeit. Frankfurt am Main 2002, S. 58.

（14）Franz Kafka: Die Sorge des Hausvaters. In: Drucke zu Lebzeiten. S. 284.

（15）Franz Kafka: Briefe 1902-1924. In: Gesammelte Werke. Herausgegeben von Max Brod. New York 1958, S. 385.

（16）石川達夫『黄金のプラハ』、三一四頁。

第1部第4章

（1）チャペック自身もR. U. R.（ロボット）は、ゴーレムに現代の衣を着せたものであり、工場で大量生産されたゴーレムであると認めている。

（2）Lenka Anna Rovná: Political Thinking of Karel Čapek: Between Czech and European. In: Walter Pape und Jiří Šubrt

(Hrsg.): Mitteleuropa denken: Intellektuelle, Identitäten und Ideen. Der Kulturraum Mitteleuropa im 20. und 21. Jahurhundert. Berlin 2019, S. 261.

（3）Eckhard Thiele: Karel Čapek. Leipzig 1988, S. 16.

（4）Ebd., S. 29.

（5）Ebd., S. 46.

（6）一九三〇年代以降、この地方を示す „Sudeten/Sudety“ はナチス＝ドイツによるズデーテン政策をはじめ、極めて政治的な意味をもつことになった。そのため第二次世界大戦後、チェコ語でこの地方を示す Sudety という言葉は、戦後長年にわたって使われなかった。Vgl. Mirek Němec: „SUDETEN/SUDETY“ Als Deutsch-Tschechisches Palimpsest. In: Bohemia: Zeitschrift für Geschichte und Kultur der böhmischen Länder. A Journal of History and Civilisation in East Central Europe. München 2013, S. 94-111.

（7）カレル・チャペック『チェコスロヴァキアめぐり』、飯島周編訳、恒文社、一九九六年、二一一頁。

（8）姉ヘレナの自伝による。引用は Thiele, S. 72.

（9）ドイツ民族の生存のために必要な資源等を獲得する目的で中欧に広域経済圏を樹立しようとする構想。第一次世界大戦前からドイツで提起されていたが、ナチス時代には東欧への膨張政策を正当化する目的で主張された。

（10）Lenka Anna Rovná, S. 264.

（11）Ebd.

（12）Thiele, S. 23.

（13）Ivan Klíma: Karel Čapek. Life and Work. Translated from the Czech by Norma Comrada. North Haven 2002, S. 49.

（14）カレル・チャペック『マサリクとの対話――哲人大統領の生涯と思想』、石川達夫訳、成文社、一九九三年、二八三頁。

（15）カレル・チャペック『ロボット（R. U. R.）』、千野栄一訳、岩波書店、一九八九年、一三八頁。

（16）同上。

（17）同上、一〇八頁。

（18）同上。

（19）同上、一九四頁。

（20）カフカは一九二〇年に「書くこと、祈りの形式として」というアフォリズムを残している。Kafka: Nachgelassene Schriften und Fragmente II, S. 354.

（21）カレル・チャペック『ダーシェンカ　あるいは子犬の生活』保川亜矢子訳、メディアファクトリー、一九九八年、七〇頁。

（22）同上。

第2部第1章

（1）Marsha L. Rozenblit: The Jews of Vienna 1867-1914. Assimilation and Identity. Albany 1983, S. 17. これは一八九〇年にウィーンの市域が第十一区～二十区まで拡大されて以降の統計。拡大される前の市域での統計の場合、ウィーン市民は八二万七千人、ユダヤ人は九万九千人で、全体の一二％となる。Vgl. Ivar Oxaal: The Jews of pre-1914 Vienna: Two Working Papers. Hull 1981, S. 60.

（2）W・M・ジョンストン『ウィーン精神――ハープスブルク帝国の思想と社会　１８４８－１９３８』、井上修一・岩切正介・林部圭一訳、みすず書房、一九八六年、三三頁。

（3）Steven Beller: Vienna and the Jews. 1867-1938: A cultural history. Cambridge 1989, S. 28f （スティーブン・ベラー『世紀末ウィーンのユダヤ人』、桑名映子訳、刀水書房、二〇〇七年、三七～三八頁）

（4）Ebd., S. 70.（同上、八二～八三頁）

（5）分類に関しては、ベラーの上掲書のほか、野村真理『ウィーンのユダヤ人――19世紀末からホロコースト前夜まで』、御茶ノ水書房、一九九九年を参照。

（6）現在ユーデンプラッツには第二次世界大戦時のホロコーストを悼む記念碑と、『賢者ナータン』で異教徒間の寛容を説いたゴットホルト・エフライム・レッシング（一七二九～一七八一）の像が立っている。

（7）Klaus Lohrmann: Vorgeschichte: Juden in Österreich vor 1867. In: Gerhard Botz/Ivar Oxaal/Michael Pollak/Nina

Scholz (Hrsg.): Eine Zerstörte Kultur. Jüdisches Leben und Antisemitismus in Wien seit dem 19. Jahrhundert. 2., neu bearbeitete und erweiterte Aufgabe. Wien 2002, S. 35.

（8）Werner Hanak-Lettner/Danielle Spera (Hrsg.): Unsere Stadt! Jüdisches Wien bis heute. Wien 2013, S. 124.

（9）Egon Schwarz: Wien und die Juden. Essays zum Fin de Siècle. München 2014, S. 15.

（10）Arthur Schnitzler: Jugend in Wien. Frankfurt am Main1981, S. 322. アルトゥル・シュニッツラー『ウィーンの青春——ある自伝的回想』、三尻二千夫訳、みすず書房、一九八九年、三二二頁。ベラー、二三七頁）

（11）Beller, S. 179.（ベラー、二〇七頁）

（12）Ebd.（同上）

（13）村山雅人『反ユダヤ主義——世紀末ウィーンの政治と文化』、講談社、一九九五年、七頁。

（14）入野田眞右「ユダヤ小史のなかのウィーン」、中央大学人文科学研究所編『ウィーン　その知られざる諸相——もうひとつのオーストリア』、中央大学出版部、二〇〇〇年、三六〇頁。

（15）Schwarz, S. 16.

（16）Klaus Lohrmann, S. 44.

（17）Unsere Stadt!, S. 154

（18）Ebd., S. 175.

（19）Rozenblit, S. 22.

（20）Mazze/Matze とはユダヤ教徒が過ぎ越しの祝いで食べる酵母（種）の入っていないパンのこと。

（21）当時ボヘミアやモラヴィア出身のチェコ人労働者の多くは第十区ファヴォリーテンに居住した。しかしたとえ故郷が同じであっても、ユダヤ人が第十区に居住することはほとんどなかった。それは彼らが自らをチェコ人ではなくドイツ人として見なしていたからである。Vgl. Rozenblit, S. 96.

（22）ベラーはウィーンの同化ユダヤ人を説明する際に用いる「家族的相似（family resemlances）」という言葉をヴィトゲンシュタインから借用している。Beller, S. 83（ベラー、九九頁）Vgl. Ludwig Wittgenstein: Philosophical

Investigations. Oxford 1958. Para. 67, S. 32.

(23)「隣人（Nachbarschaft）」という言葉は研究者によって使い方が異なる。ローゼンブリットはユダヤ人間のつながりを「隣人」という言葉で説明しているが、オクサールはローゼンブリットの説明はユダヤ人共同体が外に対して閉じているような印象を与えるとして批判している。Vgl. Ivar Oxaal: Die Juden im Wien des jungen Hitler: Historische und soziologische Aspekt. In: Gerhard Borz/Ivar Oxaal/Michael Pollak/Nina Scholz (Hrsg.): Eine zerstörte Kultur. Jüdisches Leben und Antisemitismus in Wien seit dem 19. Jahrhundert. 2., neu bearbeitete und erweiterte Auflage. Wien 2002, S. 52f.

(24) Ebd.

(25) 教区教会のある広場に面したセルヴィーテン路地にはユダヤ人との隣人関係についての記念碑が置かれている。またこの隣人関係は一九三八年、ナチス＝ドイツがオーストリアを併合することによって終わりを告げるが、冷戦後になって、この路地周辺にどのようなユダヤ人がかつて隣人して暮らしていたかが調査されている。その結果については以下を参照。Brigit Johler/Maria Fritsche (Hrsg.): 1938. Adresse: Servitengasse. Eine Nachbarschaft auf Spurensuche. Wien 2007.

(26) ベラー、一〇二頁。

(27) Eva Gesine Baur: Freuds Wien. Eine Spurensuche. München 2008, S. 155.

(28) Vgl. Michaela Feurstein-Prasser/Gerhard Milchram: Jüdisches Wien. 5. überarbeitete Auflage. Wien 2016, S. 134f.

(29) その一方でボヘミア・モラヴィア出身のユダヤ人を父にもつ割合は、一八八〇年の二六％から一四％に、ハンガリー出身は四五％から一九％に減少している。また、ウィーンで生を受けたユダヤ人の数は増加している。Vgl. Rozenblit, S. 22.

第2部第2章

(1) オーストリア統計局（Statistik Austria）による統計によると、二〇〇一年時点でオーストリアでは八一四〇人のユダヤ人がおり、大半がウィーンで生活しているとされる。多くはかつて「種なしパンの島」と呼ばれたウィーン第二区レオポルトシュタットに集中している。しかしヨーゼフ・ポレロスが述べている通り、彼らの多くはdisplaced person、すなわちポーランドやハンガリーからホロコーストによって強制的に移送される過程で故郷や家族を失い、第二次世界大戦後にウィーンにとどまることになった新しい世代である。Vgl. Josef Polleross: Heute. Jüdisches Leben in Wien. Wien 2012, S. 7.

（2）George E. Berkley: Vienna and its Jews. The Tragedy of Success, 1880-1980s. Boston 1988, S. 359.

（3）Carl E. Schorske: Fin-de-Siècle Vienna. New York 1980, S. 24.（カール・E・ショースキー『世紀末ウィーン――政治と文化』、安井琢磨訳、岩波書店、一九八三年、四四頁）

（4）Steven Beller: Vienna and the Jews, S. 122.（ベラー『世紀末ウィーンのユダヤ人』、一四三頁）

（5）Ebd.（同上）

（6）西村雅樹『世紀末ウィーン文化探究――「異」への関わり』、晃洋書房、二〇〇九年、八一頁。

（7）Beller, S. 54.（ベラー、六五頁）

（8）Ebd., S. 141.（同上、一六六頁）

（9）ベラーが示した統計（Jakob Thon (Hrsg.): Die Juden in Österreich: Veröffentlichung des Bureaus für Statistik der Juden. Berlin 1908）によると、一八八〇年代のウィーン大学におけるユダヤ人の割合は三三%だが、その後徐々に割合が低下し、一九〇一～〇四年のデータでは二三・七%となっている。ベラーは、これはウィーン大学の学生の間に広まった反ユダヤ主義が原因ではないかと推測している。Vgl. Beller, S. 33.（ベラー、四三頁）

（10）Stefan Zweig: Die Welt von Gestern, S. 26.

（11）Carl E. Schorske, S. 191.

（12）村山雅人『反ユダヤ主義――世紀末ウィーンの政治と文化』、講談社、一九九五年、四四頁。

（13）Theodor Billroth: Über das Lehren und Lernen der medicinischen Wissenschaften an den Universitäten der Deutschen

Nation. Wien 1876, S. 153.

（14）村山雅人『反ユダヤ主義』、六三頁。

（15）同上。

（16）同上、八一〜八三頁。

（17）Allan Janik: Die Wiener Kultur und die jüdische Selbsthass-Hypothese. Eine Kritik. In: Eine zerstörte Kultur, S. 113.

（18）テオドール・ヘルツル『ユダヤ人国家——ユダヤ人問題の現代的解決の試み』、佐藤康彦訳、法政大学出版局、二〇一一年、九〜一〇頁。

（19）同上。

（20）Zweig: Die Welt von Gestern, S. 126.

（21）Beller, S. 214.（ベラー、二四七頁）

（22）Beller, S. 215.（ベラー、二四八頁）

（23）Ebd.（同上）

第2部第3章

（1）ただし十四人という数は完全に確かなものではなく、十三人といわれる場合もある。Vgl. Jens Malte Fischer: Mahler. Leben und Welt. In: Bernd Sponheuer/Wolfram Steinbeck (Hrsg.): Mahler Handbuch. Stuttgart/Weimar 2010, S. 15.

（2）Kurt Blaukopf: Gustav Mahler oder Der Zeitgenosse der Zukunft. München 1973, S. 22f.

（3）Ebd.

（4）グイド・アドラーの言葉とされる。Hermann Danuser: Gustav Mahler und seine Zeit. Laaber 1991, S. 13.

（5）このシナゴーグはナチス=ドイツがチェコスロヴァキアを併合した一九三九年三月に焼け落ちた。現在跡地は公園となり、マーラーの記念碑が置かれている。Vgl. Helmut Brenner/Reinhold Kubik: Mahlers Welt. Die Orte seines Lebens. St. Pölten/Salzburg 2011, S. 15.

（6）Ebd., S. 10.

（7）Jens Malte Fischer, S. 34.

（8）Brenner/Kubik, S. 15.

（9）船山隆『マーラー　カラー版　作曲家の生涯』、新潮社、一九八七年、一一頁。

（10）この曲自体、そのよく知られた明るい調子のメロディと裏腹に、十七世紀後半にウィーンで大流行したペストの影響ですべてが失われてしまい、あるのは長い葬式の列だけ、という内容の歌詞である。

(11) Blaukopf, S. 14.

(12) Ebd., S. 201.

(13) Ebd., S. 14.

(14) Reinhold Kubik: Ein eingefleischter Wiener? Annstelle einer akademischen Einführung. In: Reinhold Kubik/Thomas Trabisch (Hrsg.): Gustav Mahler und Wien. Wien 2010, S. 7.

(15) Brief an Arnold Berliner, 22. April 1897; sowie an Camilla v. Stefanovic-Vilovsky, 25. April 1897. In: Mathias Hansen (Hrsg.): Gustav Mahler. Briefe. Leipzig 1981, S 187.

(16) Brief an Max Marschalk, 14. Januar 1897. In: Gustav Mahler. Briefe, S. 178.

(17) アルマ・マーラーは、マーラーが敬愛するリヒャルト・ワーグナーの妻であるコジマ・ワーグナーがユダヤ人をウィーン・オペラのトップに据えないように画策をはかったと繰り返し述べている。Alma Mahler-Werfel: Gustav Mahler. Erinnerungen. 2. Auflage. Frankfurt am Main 2011, S. 24.（アルマ・マーラー『グスタフ・マーラー――愛と苦悩の回想』、石井宏訳、中央公論社、一九八七年、二八頁）

(18)「彼はもともとカトリックの神秘性に強く傾倒していた。ユダヤ教の典礼には全く関心がなかった。彼は教会の前を通ると中に入らずにはいられなかった。彼は祭壇から立ち上る香煙の匂いとグレゴリア聖歌を愛していた」Alma Mahler-Werfel, S. 124.（同上、一八〇頁）

(19) 旧約聖書レビ記十九章二十七節に「もみあげを剃り落としたり、ひげの両端を剃ったりしてはならない」とある。

(20) Herbert Killian: Gustav Mahler in den Erinnerungen von Natalie Bauer-Lechner. Revidierte und erweiterte Ausgabe. Hamburg 1984, S. 82. ナターリエ・バウアー＝レヒナーによると、マーラーの容貌は一八八三年のプラハ滞在頃から変化し始めていた。

(21) Alma Mahler-Werfel, S. 133.（アルマ・マーラー、

一九五頁）

（22）Ebd., S. 125.（同上、一八二頁）

（23）Paul Hofmann: Viennese. Splendor, Twilight and Exile. New York 1988, S. 134.（ポール・ホフマン『ウィーン――栄光・黄昏・亡命』、持田綱一郎訳、作品社、二〇一四年、一八五頁）

（24）Alma Mahler-Werfel, S. 139.（アルマ・マーラー、二〇六頁）

（25）Carl E. Schorske: Fin de Siècle Vienna. Politics and Culture. New York1981, S. 255.（カール・E・ショースキー『世紀末ウィーン――政治と文化』、安井琢磨訳、岩波書店、一九八三年、三二〇頁）

（26）村山雅人『反ユダヤ主義』、一九二頁。

（27）クリスティアン・M・ネベハイ『ウィーン音楽地図II　ロマン派―近代』、白石隆生・敬子訳、音楽之友社、一九八七年、V／二頁。

（28）Alma Mahler-Werfel, S. 87.（アルマ・マーラー、一二八頁）

（29）Mahler Handbuch, S. 461.

（30）Alma Mahler-Werfel, S. 89f.（アルマ・マーラー、一三三頁）

（31）ルキノ・ヴィスコンティの映画『ベニスに死す』で交響曲第五番第四楽章「アダージェット」はさまざまな場面で用いられているが、同じ旋律を生と死を暗示する二つの異なる場面で採用することによって効果的な印象をもたらしている。一つ目の場面では、主人公アッシェンバッハが、ヴェネツィアの街に蔓延した感染病から逃れるためにミュンヘンに帰ろうとするも、手違いで荷物が別の場所に送られてしまい、結局ヴェネツィアに戻る場面で用いられている。その際アッシェンバッハは憮然としながらもどこかうれしそうで、船の上でも上機嫌である。そしてリド島で美しいタッジオの姿を認めたアッシェンバッハは、デッキチェアに身を横たえながらつかのまミュンヘンの家族を思い出す。すると画面にはアッシェンバッハが愛する妻と娘と仲良く原っぱを転げまわる様子が映し出される。ここでは明らかに生の喜びが曲とともに表現されているといえよう。その一方で別の場面では娘の葬儀（一九〇七年のマーラーの娘マリア・アンナの死を彷彿とさせる）を回想するアッシェンバッハが映し出される。妻とともに涙にくれるアッシャンバッハが夢想から覚めると、散髪屋の場面に移る。そこで彼は化粧を施される。若々しく、恋もできますよ、といわれるが、その化粧姿は冒頭に登場した若作りの老人のようにグロテスクで、若く美しいタッジオのまねなどけっしてできない老いを強く想起させる。アッシェンバッハはヴェネツィアの街を歩くタッジオ一家を追いかけるが、病に侵された彼の顔にはいつしか汗が浮かび、化粧は醜く落ちていく。最終的に街を歩き続けるタッジオたちに追いつくこともできぬままアッシェンバッハはその場に座り込んでしまう。ここでは先ほどと同じ「アダージェット」が流れるものの、強烈に死を予感させる。

（32）Theodor W. Adorno: Mahler. Eine musikalische Physiognomik. In: Gesammelte Schriften. Bd. 13: Die musikalischen Monographien. Herausgegeben von Rolf Tiedemann unter Mitwirkung von Gretel Adorno, Susan Buck-Morss und Klaus Schulz. Frankfurt am Main 2003, S. 153.（テオドール・W・アドルノ『マーラー——音楽観相学』、龍村あや子訳、法政大学出版局、一九九九年、六頁）

（33）Ebd.（同上）

（34）Ebd.（同上）

（35）Schorske, S. 228-231.（ショースキー『世紀末ウィーン』、二八六～二九〇頁）

第2部第4章

（1）Joseph Roth: Juden auf Wanderschaft. In: Werke. Bd. 2: Das journalistische Werk 1924-1928. Herausgegeben und mit einem Nachwort von Klaus Westermann. Köln 1990, S. 840.（ヨーゼフ・ロート『放浪のユダヤ人とエッセイ二篇』、平田達治訳、鳥影社、二〇〇九年、二八頁）

（2）Ebd., S. 828.

（3）Ebd., S. 857.

（4）Helmut Nürnberger: Joseph Roth mit Selbstzeugnissen und Bilddokumenten. Reinbek bei Hamburg 1981, S. 38.

（5）Joseph Roth: Juden auf Wanderschaft, S. 858.（ロート『放浪のユダヤ人』、一六〇頁）

（6）Joseph Roth: Seine K. und K. apostolische Majestät. In: Werke. Bd. 2: Das journalistische Werk 1924-1928, S. 910.

（7）Ebd., S. 911.

（8）Joseph Roth: Vorwort zu meinem Roman: „Der Radetzkymarsch. In: Werke. Bd. 5: Romanen und Erzählungen 1930-1936. Herausgegeben und mit einem Nachwort von Fritz Hackert. Köln 1990, S. 874f.

（9）以降の議論は『ウィーンのユダヤ人』とりわけ同書の第二部第二章「戦間期オーストリアの反ユダヤ主義」（一八五～一九四頁）を参照。

（10）David Bronsen: Joseph Roth. Eine Biographie.Köln 1974, S. 21. 平田達治『放浪のユダヤ人作家ヨーゼフ・ロート』、鳥影社、二〇一三年、一〇頁。

（11）Joseph Roth: Juden auf Wanderschaft, S.866.

（12）Nürnberger, S. 66.

（13）Joseph Roth: Juden auf Wanderschaft, S.872.

（14）Joseph Roth: Grillparzer（1937）In: Joseph Roth: Werke. Bd. 5: Romanen und Erzählungen 1930-1936, S. 744f.

（15）Claudio Magris: Der habsburgische Mythos in der österreichischen Literatur. Salzburg 1966, S. 261.（クラウディオ・マグリス『オーストリア文学とハプスブルク神話』、鈴木隆雄・村山雅人・藤井忠訳、書肆風の薔薇、一九九〇年、三七〇頁）

（16）Ebd., S. 261f.（同上）

（17）Nürnberger, S. 42.

（18）Ebd.

（19）Joseph Roth: Juden auf Wanderschaft, S.828.

（20）Joseph Roth: Radetzkymarsch. In: Werke. Bd. 5: Romanen und Erzählungen 1930-1936, S. 290.（ヨーゼフ・ロート『ラデツキー行進曲（下）』、平田達治訳、岩波文庫、二〇一四年、二七頁）

（21）Ebd.（同上）

（22）平田達治『放浪のユダヤ人作家ヨーゼフ・ロート』、五五七頁。

（23）Joseph Roth: Briefe 1911-1939. Herausgegeben und eingeleitet von Hermann Kesten. Köln/Berlin 1970, S. 436.

第３部第１章

（1）日本語でオーストリアという場合に用いられるAustria はラテン語の表記に由来する。

（2）Vgl. Ernst Bruckmüller/Peter Urbanitsch (Hrsg.): ostarrîchi-österreich: Menschen, Mythen, Meilensteine: österreichische Länderausstellung: 996-1996. Horn 1996.

（3）オーストリアの建国記念日（第二次世界大戦後、一九五五年に連合国から主権を回復し、永世中立国となった日）である十月二十六日から十一月三日までウィーンの新王宮にあるオーストリア歴史館（Haus der Geschichte Österreich）で展示された。https://www.hdgoe.at/ostarrichi（二〇一九年十一月十九日閲覧）

（4）Robert Musil: Gesammelte Werke. Bd. 1: Der Mann ohne Eigenschaften. Herausgegeben von Adolf Frisé. Reinbek bei Hamburg 1978, S. 445.（ローベルト・ムージル『特性のない男Ⅱ』（ムージル著作集第二巻）、加藤二郎訳、松籟社、一九九二年、二四四頁）

（5）Ebd., S. 33f.（ムージル『特性のない男Ⅰ』、三八～三九頁）

（6）Ebd., S. 361.（ムージル『特性のない男Ⅱ』、一三八頁）

（7）Franz Werfel: Ein Versuch über Kaisertum Österreich. In: Zwischen Oben und Unten. Prosa, Tagebücher, Aphorismen, Literarische Nachträge. München/Wien 1975, S. 493-S. 520, hier S. 510.

（8）Eugene Bagger: Franz Joseph. Eine Persönlichkeits-Studie. Zürich-Leipzig-Wien 1927, S. 276.

（9）Claudio Magris, S. 25.（マグリス『オーストリア文学とハプスブルク神話』、四四頁）

（10）Paul Hofmann: The Viennese. Splendor, Twilight, and Exile.

New York 1989, S. 35.（ポール・ホフマン『ウィーン――栄光・黄昏・亡命』、持田綱一郎訳、作品社、二〇一四年、五四頁）

第3部第2章

（1）矢田俊隆『オーストリア現代史の教訓』、刀水書房、一九九五年、八頁。

（2）「オーストリア、それは残り物だ」というのは当時のフランス首相ジョルジュ・クレマンソーの言葉とされる。

（3）背景には崩壊したハプスブルク帝国の後継国としてオーストリア共和国を明確に位置づけ、オーストリアおよびその住民に世界大戦の責任を負わすことで、平和条約のためのしかるべき結論を出したいという連合国側の狙いがあった。Erich Zöllner: Geschichte Österreichs. Von den Anfängen bis zur Gegenwart. 8. Auflage. Wien/München 1990, S. 500.

（4）Helmut Andics: Der Staat, den keiner wollte. Österreich 1918-1938. Wien 1962.

（5）「オーストリア的なもの」をめぐる議論自体は第一次世界大戦中、あるいはそれ以前にも行われている。

（6）Anton Wildgans: Rede über Österreich. Salzburg 1963, S. 25.

（7）Ebd. S. 27-35.

（8）Hermann Bahr: Deutschland und Österreich. In: Schwarzgelb. Salzburg 1916, S. 17f.

（9）Hugo von Hofmannsthal: Die österreichische Idee. In: Gesammelte Werke. Reden und Aufsätze 2. Frankfurt am Main 1979, S. 456.

（10）Alfred Polgar: Theorie des Café Central. In: Kleine Schriften. Bd. 4: Literatur. Herausgegeben von Marcel Reich-Ranicki in Zusammenarbeit mit Ulrich Weinzierl. Reinbek bei Hamburg 1984, S. 254.

（11）Robert Musil: Der Anschluß an Deutschland（1919）. In: Gesammelte Werke. Bd. 2: Prosa und Stücke. Kleine Prosa, Aphorismen. Autobiographisches. Essays und Reden. Kritik. Hrsg. von Adolf Frisé. Reinbek b. Hamburg 1978, S. 1039. ローベル

ト・ムージル「ドイツへの併合」（『ムージル・エッセンス　魂と厳密性』、圓子修平・岡田素之・早坂七緒・北島玲子・堀田真紀子・赤司英一郎、中央大学出版部、二〇〇三年、二〇七頁）

（12）Ebd., S. 1040.（同上、二〇八頁）

（13）Oliver Rathkolb: Die paradoxe Republik.Österreich 1945 bis 2015. Aktualisierte und erweiterte Neuausgabe. Wien 2015, S. 26.

（14）リヒャルト・クーデンホーフ＝カレルギー「パン・ヨーロッパ」（『クーデンホーフ・カレルギー全集1』）、鹿島守之助編訳、鹿島研究所出版会、一九七三年、一二七～一二八頁。

（15）Emannuel Eichter: Die Paneuropa-Idee. Die aristokratische Rettung des Abendlandes. In: Jürgen Nautz / Richard Vahrenkamp (Hrsg.): Die Wiener Jahrhundertwende. Einflüsse Umwelt Wirkungen. Wien/Köln/Graz 1996, S. 803.

（16）たとえばクーデンホーフ＝カレルギーのよき理解者であり、パン・ヨーロッパ同盟の名誉会長を引き受けたフランスの首相アリスティード・ブリアンは、一九二九年の国際連盟総会においてヨーロッパ連邦的な秩序の樹立を提案し、翌年それを具体化した「ブリアン覚書」を発表した。

（17）矢田俊隆『オーストリア現代史の教訓』、刀水書房、一九九五年、六五頁。

（18）同上、一〇四頁。

（19）増谷英樹・古田善文『図説オーストリアの歴史』、河出書房新社、二〇一一年、八七～九二頁。

第3部第3章

（1）Niklas Perzi, Ota Konrád, Hildegard Schmoller, Václav Šmidrkal (Hrsg.): Nachbarn. Ein österreichisch-tschechisches Geschichtsbuch. Weitra 2019, S. 221.

（2）Jonny Moser: Demographie der jüdischen Bevölkerung Österreichs 1938-1945. Wien 1999, S. 5. ここではニュルンベルク法で規定されたユダヤ人の統計。

（3）Alexander Lernet-Holenia: Brief an den „Turm" vom 17. 10. 1945. In: Der Turm. 1, H45, S. 109.

（4）Ernst Hanisch: Österreichische Geschichte 1890-1990. Der lange Schatten des Staates. Österreichische Gesellschaftsgeschichte im 20. Jahrhundert. Wien 2005, S. 395.（エルンスト・ハーニッシュ『ウィーン／オーストリア20世紀社会史１８９０－１９９０』、岡田浩平訳、三元社、二〇一六年、六〇九頁）この言葉自体はウィーンの外交官であったヨーゼフ・シェーナーの日記からの引用であるとハーニッシュは述べているが、シェーナー自身は日記の中でこの言葉を明確に定義づけているわけではない。Vgl. Josef Schöner: Wiener Tagebuch 1944/1945. Herausgegeben von Eva-Marie Csáky, Franz Matscher, Gerald Stourzh. Wien/Köln/Weimar 1992, S. 51.

（5）Rainer M. Lepsius: Das Erbe des Nationalsozialismus und die politische Kultur der Nachfolgestaaten des „Großdeutschen Reiches". In: M. Haller, H.-J. Hoffmann-Nowotny, & W. Zapf (Hrsg.), Kultur und Gesellschaft: Verhandlungen des 24. Deutschen Soziologentags, des 11. Österreichischen Soziologentags und des 8. Kongresses der Schweizerischen Gesellschaft für Soziologie in Zürich 1988 (S. 247-264). Frankfurt am Main 1989, S. 251.（ヴェルナー・ベルクマン／ライナー・エルプ／アルベルト・リヒトブラウ編著『「負の遺産」との取り組み――オーストリア・東西ドイツの戦後比較』、岡田浩平訳、三元社、一九九九年、一八頁）

（6）Ebd.（同上、一九頁）

（7）Hanisch, S. 400.（ハーニッシュ、六一七頁）

（8）西ドイツで一九五六年に制作された映画『菩提樹』、『続・菩提樹』ではアメリカに渡ったトラップ一家合唱団の活躍を観ることができる。

（9）増谷英樹・吉田善文『図説オーストリアの歴史』、河出書房新社、二〇一一年、一二〇頁。なお、原作であるマリア・フォン・トラップの『トラップ一家合唱団』（一九四九）の記述もまた、オーストリアの犠牲者神話を上塗りしていることがわかる。たとえばマリアたちがラジオから流れる音声でオーストリアがナチス＝ドイツによって合邦されたことを知る、次のような場面である。「そのとき、ラジオからプロイセン風のごつごつした声が響きわたり、沈黙を破った。『オーストリアは死んだ。第三帝国、万歳！』それに続いてプロイセンの軍歌が流れた。私たちは黙って礼拝堂へ行った。暗闇からはすすり泣きとため息が聞こえてきた。それはまるで、心の準備もないままに愛していた人の死を告げられたかのようなものだった。私たちは呆然と身を寄せ合っていた。誕生日のお祝いはどこかに行ってしまった。私たちはゲオルクの目を追った。彼は潜水艦の旗をながめていた。それはかつてのオーストリアの写真やトロフィーに囲まれて、暖炉の上にかかげられていた。『オーストリアよ』彼はとぎれとぎれにつぶやいた。『おまえは死んではいない！　私たちの心の中で生き続けるのだ。今は眠れ。約束しよう。おまえがふたたび目を覚ますためなら何でもすると』」Maria Augusta Trapp: Die Trapp-Familie. Wien-Stuttgart-Zürich 1964, S. 80.（マリア・フォン・トラップ『サウンド・オブ・ミュージック』、谷口由美子訳、文溪堂、一九九七、二五一〜二五二頁）

（10）Hanisch, S. 398.（ハーニッシュ、六一三頁）

（11）Felix Kreissler: Der Österreicher und seine Nation. Ein Lernprozess mit Hindernissen. Wien-Köln-Graz 1984, S. 496-497. 増谷英樹・吉田善文『図説オーストリアの歴史』一一七頁。

（12）「のちになって過去を変えたり、起こらなかったことにしたりはできません。しかし、過去に目を閉ざす者は、現在に対しても盲目となります。非人間的な行為を思い出そうとしない者は、次なる感染の危険にふたたび陥りかねないのです」Richard von Weizsäcker: Von Deutschland aus. Rede des Bundespräsidenten. Müünchen 1987, S. 18.（リヒャルト・フォン・ヴァイツゼッカー『新版　荒れ野の40年——ヴァイツゼッカー大統領終戦40周年記念演説』（岩波ブックレット No. 767）、永井清彦訳、岩波書店、二〇〇九年、一一頁）

（13）二〇一〇年の「アラブの春」をきっかけにアラブ世界全体に広がった暴動・武装・反乱・内戦のあおりを受け、二〇一五年以降にシリアをはじめとする中東・アフリカ諸国から多数の移民・難民がＥＵ諸国に押し寄せたことによる社会的・政治的危機をさす。

（14）その後、二〇一九年五月に自由党党首・副首相のH・C・シュトラッヘが政治スキャンダルにより党首・副首相を辞任したことを受け、国民党は自由党との連立を解消した。

（15）Thomas Bernhard: Heldenplatz. Frankfurt am Main 1995, S. 84.（トーマス・ベルンハルト『ヘルデンプラッツ』、池田信雄訳、論創社、二〇〇八年、一一九頁）

（16）Ebd.（同上、一二〇頁）

（17）Ebd. S. 83.（同上、一一八頁）

第3部第4章

（1）„Erschüttert, dass sowas prämiert wird“. Saša Stanišić zu Handke. In: ORF.at, 14.10.2019. https://orf.at/stories/3140837/（二〇二〇年二月十七日閲覧）

（2）Peter Handke: Die Lehre der Sainte-Victoire. Frankfurt am Main 1984, S. 69.

（3）二〇〇〇年代になってからジェノサイドの首謀者であるスルプスカ共和国大統領ラドヴァン・カラジッチ、参謀総長ラトコ・ムラディッチが相次いで拘束され、国際連合が設置したオランダ・ハーグの旧ユーゴスラヴィア国際戦犯法廷にて終身刑がそれぞれ言い渡されている。

（4）Peter Handke: Eine winterliche Reise zu den Flüssen Donau, Save, Morawa und Drina oder Gerechtigkeit für Serbien. Frankfurt am Main 1996, S. 13.

（5）1996年に単行本として刊行されるにあたり、タイトルが『ドナウ川、サヴァ川、モラヴァ川、ドリナ川への冬の旅、あるいはセルビアのための正義』と変更になっている。

（6）Stevann Tontić: Reisen des Träumers ins „Erste Land“. In: Thomas Deichmann (Hrsg.): Noch einmal für Jugoslawien: Peter Handke. 3. Aiflage. Frankfurt am Main 2017, S. 43.

（7）九〇年代におけるハントケの紀行文に対する一連の批判については以下を参照。Kurt Gritsch: Peter Handke und „Gerechtigkeit für Serbien“. Eine Rezeptionsgeschichte.

Innsbruck/Wien/Bozen 2009.

（8）Tilman Zülch: Sprechen Sie endlich mit den Opfern von „Großserbien“, Herr Handke! In: Tilman Zülch (Hrsg.): Angst des Dichters vor der Wirklichkeit. 16 Antworten auf Peter Handkes Winterreise nach Serbien. Göttingen 1996, S. 17.

（9）Michael Thumann: Das andere Serbien. In: Die Zeit, 19. Januar 1996.

（10）Milo Dor: Welches Serbien? In: Die Presse, 16. Januar 1996.

（11）Gritsch, S. 20.

（12）Karl-Markus Gauß: Sanfter Kukurz, innige Pflaumen. In: Die Zeit, 9, Februar 1996.

（13）ハントケが「セルビア支持（proserbisch）」ないしは「親ユーゴ（jugophil）」であるというイメージを決定的にしたのが、二〇〇六年に死去したセルビアの政治家で、ユーゴスラビア連邦元大統領スロボダン・ミロシェヴィッチの埋葬に参列し、弔辞を読んだことである。ミロシェヴィッチは、ボスニア・ヘルツェゴヴィナ紛争に軍事介入したのち、一九九八年より激化したコソボ紛争において独立を求めるアルバニア人に対しジェノサイドを行った責任者として人道に対する罪で起訴され、収監先のハーグで獄死している。

（14）ユーゴスラヴィアを代表する作家イヴォ・アンドリッチの長編小説『ドリナの橋』（一九四五）の舞台として知られる。ハントケを批判した作家サーシャ・スタニシチの出身地でもある。

（15）Handke: Eine winterliche Reise, S. 100.

（16）別の場面でも、たとえばハントケはベオグラードの人々を一目見たときにとても快活で慎み深いという印象を受けたが、同じ場に居合わせた彼の妻はむしろ生真面目でふさぎ込んでいる印象を受けている。Vgl. Handke: Eine winterliche Reise, S. 58.

（17）Ebd., S. 100.

（18）Ebd., S. 100f.

（19）コバル家のkobalとは「境界のもの」という意味であると語られている。

（20）Peter Handke: Die Wiederholung. Frankfurt am Main 1986,

S. 129f.（ペーター・ハントケ『反復』、阿部卓也訳、同学社、一九九五年、一一七頁）

（21）Ebd., S. 64.（同上、五六頁）

（22）Ebd., S. 77.（同上、六八頁）

（23）Peter Handke: Ich bin ein Bewohner des Elfenbeinturms. Frankfurt am Main 1972, S. 25.

（24）Die Wiederholung, S. 101.（ハントケ『反復』、九一頁）

（25）Ebd.（同上）

（26）Ebd., S. 49.（同上、四二頁）

おわりに

（1）Milan Kundera: Einleitung zu einer Anthologie oder Über drei Kontexte. In: Květoslav Chvatík (Hrsg.): Die Prager Moderne. Erzählungen, Gedichte, Manifeste. Frankfurt am Main 1991, S. 18.

（2）ミラン・クンデラ『カーテン——7部構成の小説論』、西永良成訳、集英社、五八頁。

（3）ミラン・クンデラ『存在の耐えられない軽さ』、西永良成訳、河出書房新社、二〇〇八年、二五八頁。

（4）同上、四一頁。

（5）同上、二五八頁。

（6）Danilo Kiš: Frühe Leiden. Aus dem Serbokroatischen von Ivan Ivanji. In: Familienzirkus. Die großen Romane und Erzählungen. Herausgegeben und mit einem Nachwort von Ilma Rakusa. München 2014, S. 12f.（ダニロ・キシュ『若き日の哀しみ』、山崎佳代子訳、東京創元社、二〇一三年、二〇頁）

（7）Ebd., S. 11.（同上、一八頁）

（8）クンデラ『存在の耐えられない軽さ』、四四頁。「はじめに」でも述べたとおり、この言葉自体はムージル『特性のない男』第一巻第四章「現実感覚があるならば、可能性感覚もあるにちがいない」からの引用である。Vgl. Musil: Der Mann ohne Eigenschaften, S. 16.（ムージル『特性のない男I』、一七頁）

（9）Thomas Bernhard: Heldenplatz, S. 111.（『ヘルデンプラッツ』、一五七頁）

（10） Ebd., S. 112.（同上、一五八頁）

（11） Ebd., S. 125.（同上、一七六頁）

（12） シャヴィルでのハントケの生活を撮影したドキュメンタリー『森にいる。ひょっとしたら遅れるかもしれない』（二〇一六）は、ハントケ自身が「象牙の塔の住人」、すなわち俗世間を離れた孤高の芸術家であるかのような演出が強調されている。Vgl. Peter Handke. Bin im Wald. Kann sein, daß ich mich verspäte. Ein Film von Corinna Belz. Deutschland 2016.

（13） Wim Wenders und Peter Handke: Der Himmel über Berlin. Frankfurt am Main 1987, S. 8.

（14） Ebd., S. 17.

（15） ヴェンダース／ハントケがこの天使を形象化するにあたってパウル・クレーの絵画《新しい天使（アンゲルス・ノーヴス）》（一九二〇）、およびその絵に触発されて書かれたヴァルター・ベンヤミンの「歴史の概念について」（一九四〇）で示される「歴史の天使」、すなわちすべてを未来へと押し流す暴風の中で翼を広げて歴史を振り返る天使の姿を念頭に置いていることは、映画の図書館の場面において本を読む人物のモノローグでこの「歴史の天使」が言及されていることからもわかる。Vgl. Ebd., S. 23.

（16） ドイツ統一後は、ダイムラー・ベンツ、ソニーなどが中心となって出資した現代的な複合商業施設が立ち並び、ベルリナーレ（ベルリン国際映画祭）の会場として利用されるなど、ポツダム広場はベルリンの商業・文化・ビジネスの中心として活気をふたたび取り戻している。

（17） Der Himmel über Berlin, S. 58.

（18） Ebd.

（19） Ebd., S. 21.

（20） Ebd., S. 20.

（21） Ebd., S. 21.

（22） Ebd., S. 43.

（23） Ebd., S. 45.

(24) Ebd., S. 110.
(25) Ebd., S. 19.
(26) Ebd., S. 59.
(27) Ebd., S. 30.
(28) Ebd., S. 56.
(29) Ebd., S. 30.
(30) Ebd., S. 57.

図版出典一覧

はじめに

図1　Paul Robert Magocsi: Historical Atlas of Central Europe, Seatle 2002, S. 119.

図2　Creative Commons, https://upload.wikimedia.org/wikipedia/commons/0/04/Milan_Kundera.jpg

図3　Österreichische Nationalbibliothek

第1部第1章

図1　著者撮影

図4　https://www.derstandard.at/story/2000047978973/golem-der-lehm-aus-dem-die-albtraeume-sind

第1部第2章

図1、2、4　Österreichische Nationalbibliothek

図3　著者撮影

第1部第3章

図1　Österreichische Nationalbibliothek

図2　Gary B. Cohen: The Politics of Ethnic Survival. Germans in Prague, 1861-1914. West Lafayette 2006, S. xix, S. 70f.

図3　https://upload.wikimedia.org/wikipedia/commons/7/71/Metamorphosis.jpg

第1部第4章

図1　Karel Čapek: Rossumovi Umělí Roboti. Milton Keynes 2014

図2　Historical Atlas of Central Europe. (2002) , S. 105.

図3　www.stezkaupice.cz

図4　New York Times, https://www.nytimes.com/2018/08/16/books/in-praise-of-karel-capek.html

第2部第1章

図1　著者撮影

図2　Österreichische Nationalbibliothek

図3　Unsere Stadt: Jüdisches Wien bis heute. Herausgegeben von Werner Hanak-Lettner und Danielle Spera. Wien 2013, S. 174.

図4　Rozenblit (1983) , S. 79.

図5、6　Österreichische Nationalbibliothek

第2部第2章

図1　Projekt Gutenberg, https://www.gutenberg.org/files/35569/35569-h/35569-h.htm

図2、3　Österreichische Nationalbibliothek

第2部第3章

図1　著者撮影

図2〜4　Österreichische Nationalbibliothek

第2部第4章

図1〜3　Österreichische Nationalbibliothek

第3部第1章

図1　Manfred Scheuch: Historischer Atlas Österreich, Wien 1994, S. 27.

図2　Historischer Atlas Österreich, S. 133.

図3、4　Österreichische Nationalbibliothek

第3部第2章

図1　Historischer Atlas Österreich, S. 153.

図2、3　Österreichische Nationalbibliothek

第3部第3章

図1　Niklas Perzi/Hildegard Schmoller/Ota Konrád/Václav Šmidrkal (Hrsg.) Nachbarn. Ein österreichisches Geschichtsbuch. Weitra 2019, S. 223.

図2、3　著者撮影

第3部第4章

図1　Creative Commons, https://upload.wikimedia.org/wikipedia/commons/e/ea/Peter-handke.jpg

図3　Paul Robert Magosci: Historical Atlas of Central Europe, Seatle 2018, S. 157.

おわりに

図1　著者撮影

図2左　So war Wien. Vienna Revisited. Die schönsten Bilder aus dem alten Wien. The best pictures of old Vienna. Wien 2013, S. 118.

図2右　嶋倉裕氏撮影

図3　Der Himmel über Berlin, S. 59.

あとがき

本書は二〇一一年度より担当している武蔵大学人文学部の講義「中欧文化論」（現在は「オーストリア・東欧文化論」。別タイトルで他大学でも授業をしている）から生まれたものである。学生からの意外な感想や鋭い指摘を受けながら繰り返し授業を行っているうちに、中央ヨーロッパなり、歴史や文学に興味をもったときにさらなる書物を手に取るきっかけになるようなテクストを作りたいという思いが強くなった。中欧という枠組みを設定したときにはじめて見えてくるような文化の一断面を示すことのできる構成で、一般の読者を対象に書いてみたい。そう考えていたところ、たまたま出版のお話をいただいた。執筆の機会を与えてくださった春風社にまずはお礼を申し上げたい。

そのようなわけで、本文に加え、巻末にはブックガイドや関連年表を掲載し、注に挙げた文献も、和訳のあるものは可能な限り頁数も含めて併記した。時代の流れやつながりが理解しやすくなるよう、関連年表も載せた。とはいえ、こうした付録も含め、本書はいずれも著者の視点から構成された、限られた情報からなる織物である。この本を手に取っていただいた方々が、その不備を批判・補足され、さらに次の書物を手にしていただければ幸いである。

地名の表記については、これは多言語がひしめく中欧ならではのことかもしれないが、頭を抱えた。原則として、なるべく現在の国の言語で地名を表記し、そのうえで歴史的地名――本書の枠組みの場合、その多くはドイツ語の表記である――を補った。歴史的地名は当時の歴史を知るうえでは役立つが、それだけだと現在とのつながりが見えにくくなってしまう。歴史的経緯に興味をもってさらに調べたり、現地に足を運んだりしたいと思ったときに、現在の地図からでもたどることができるよう、煩わしいかもしれないが、なるべく併記をした。

執筆にあたり、二〇一九年度の武蔵大学特別研究員制度で一年間オーストリア・ウィーンに滞在できたことは大変ありがたかった。また本書に関連する研究には、日本学術振興会・科学研究費助成事業（基盤研究C：課題番号１６Ｋ０２５７４）の助成を、出版には二〇二〇年度武蔵大学研究出版助成を受けている。構成や大まかな文章の流れは渡航前にほぼできあがっていたが、ウィーン滞在にあたり、これまで用いていた資料を見直し、原典にあたり、ほとんどの章をはじめからと言ってもよいくらい新たに書き直した。集中的に執筆に打ち込み、関連資料を購入したり、現地に足を運んだりできたのは、個人の力だけでは不可能であり、さまざまな援助や協力なしにはありえなかった。大学の研究支援課や教授会の方々をはじめ、関係各位に感謝したい。また滞在先での世話役を引き受けていただいたウィーン大学のヴィンフリート・クリークレーダー教授には、聴講したオーストリア文学史の授業や、翻訳が出たばかりの著書（『オーストリア文学の社会史――かつての大国の文化』、斎藤成夫訳、法政大学出版局、二〇一九年）についての短い会話をつうじて、専門外の領域も含めて一人の目線から全体を包括的に論じることの意義を教えていただいた。新型コロナウィルス感染症（COVID－19）の影響により最後は挨拶もままならないままにオーストリアを去ることになったが、この場を借りて感謝の意を表したい。

ウィーン滞在中、大学に近いアルザー通り沿いにあった当時の自宅と小学校・幼稚園を子どもの送り迎えで往復する合間によく考えていたこと、それはちょうど三十年前の一九八九年に起きた、ベルリンの壁崩壊に象徴される一連の出来事であった。はじめて中欧を意識した当時のテレビの映像を追認しようとするかのように、八月十九日、パン・ヨーロッパ・ピクニック計画の舞台となったハンガリーとオーストリアの国境の町ショプロン（エーデンブルク）を訪れた。とはいえ、そこに何があったというのであろう。記念式典出席のために当地を訪れたドイツ・メルケル首相の警備のために足止めされた蒸し暑い帰りのバスの中で、自分がここに来たのは、むしろ現地の人々に触れて、テレビの映像から長年にわたって紡ぎ続けてきた「私だけの現実」を打ち消し、更新したかったからなのだと気づいた。その思いはその後プラハやベルリンを訪れても変わらなかった。ちょうどその折、ペーター・ハントケのノーベル文学賞受賞にまつわる一連の騒動（第3部第4章参照）が起こった。その経緯を一九九〇年代にまでさかのぼって追っていた際に、当時関心をもって読んでいた作家ミロ・ドールの、ハントケが描くセルビアとは「どのセルビアのことなのか」という問いに行き当たった。歴史的時間が提示する現実と記憶の中の自分だけの現実との衝突を示すこの言葉を見つけたときに、本書を通じて示したいことがわかったような気がした。

末筆になったが、編集を担当していただいた春風社の韓智仁さんからは、本書の完成に至るまでのさまざまなご提案だけでなく、原稿の内容についても何度も本質を突いたご指摘をいただいた。頭の中にぼんやりとばらばらに用いていた各章の「小部屋」や「小箱」といったモチーフを、近代以降の個としての人間を示すひとつの具体的なイメージとしてまとめあげるきっかけを与えてくれたのは韓さんのおかげである。また装丁の長田年伸さんには「こうでなければならない」、「別様でもありえるかもしれない」というキーワードを原語で表紙に用いるご提案をいただき、はっきりとしたメッセージとして示すことができた。いずれも私一人では考えもつかなかったことで、繰り返しテクストを読んでいただいたおかげである。あらためてここに感謝したい。

最後に私の家族、オーストリアと日本で生活環境が変化しても変わらず元気な三人の子どもたちと、目の回るほど忙しい中でも執筆を応援し続けてくれた妻朋子に、ありがとうと言いたい。

二〇二〇年八月

【著者】桂元嗣（かつら・もとつぐ）
武蔵大学人文学部 教授
専攻・専門：ドイツ文学・中欧文化論
『人類が全体として見る夢――ローベルト・ムージル『特性のない男』』（二〇〇八、コンテンツワークス社）『ウィーン 1945－1966――オーストリア文学の「悪霊」たち』日本独文学会研究叢書一一四（編著、二〇一六、日本独文学会）

中央ヨーロッパ――歴史と文学

二〇二〇年九月二〇日 初版発行

著者 桂元嗣 かつら もとつぐ

発行者 三浦衛

発行所 春風社 Shumpusha Publishing Co.,Ltd.
横浜市西区紅葉ヶ丘五三 横浜市教育会館三階
〈電話〉〇四五・二六一・三一六八 〈FAX〉〇四五・二六一・三一六九
〈振替〉〇〇二〇〇・一・三七五二四
http://www.shumpu.com ✉ info@shumpu.com

装丁 長田年伸

印刷・製本 シナノ書籍印刷株式会社

ISBN 978－4－86110－701－6 C0022 ¥2800E

索引

ブックガイド

はじめに

ジャック・ル・リデー『中欧論――帝国からEUへ』田口晃・板橋拓己訳、白水社（文庫クセジュ）、2004年

神聖ローマ帝国がドイツ、オーストリア、チェコ等の近代国家へと移行した結果、パン・ゲルマン主義、ハプスブルク帝国など、時代や地政学的立場からさまざまな形で語られることになった中欧概念をコンパクトにまとめている。

シュテファン・ツヴァイク『昨日の世界1・2』原田義人訳、みすず書房（みすずライブラリー）、1999年

第二次世界大戦期に亡命先で自ら命を絶った作家が、ウィーンの少年時代など、失われた「昨日の世界」について郷愁を込めて描き出した自伝。当時のブルジョワ市民層や同化ユダヤ人の価値観が反映されている。

クラウディオ・マグリス『ドナウ――ある川の伝記』池内紀訳、　NTT出版、2012年

『オーストリア文学とハプスブルク神話』の著者が、ドナウ源流からオーストリア、スロヴァキア、ハンガリーを経てルーマニアの黒海沿岸まで旅し、各地の歴史や文化についての証言をモザイク的にまとめたもうひとつの中欧論。

第1部第1章

薩摩秀登『物語 チェコの歴史――森と高原と古城の国』中央公論新社（中公新書）、2006年

チェコの文化を通史的にたどるのでなく、フスやモーツァルト、聖人や出版業者など、ゆかりのあるさまざまな時代の人物像に焦点を当てている。チェコの文化が異なる背景をもつ人々の交流の産物であることがよくわかる一冊。

グスタフ・ルネ・ホッケ『迷宮としての世界――マニエリスム美術（上・下）』種村季弘・矢川澄子訳、岩波文庫、2010～2011年

盛期ルネサンスからバロックへの過渡期の芸術様式とされるマニエリスムを分析し、ルドルフ二世の時代やプラハ社会、アルチンボルド等の芸術作品をとりあげながら、20世紀の時代・社会・芸術との共通性を論じている。

グスタフ・マイリンク『ゴーレム』今村孝訳、白水社（白水Uブックス）、2014年

1915年に発表されたこの幻想小説では、プラハに伝わるゴーレム伝説に依拠しつつもまったく異なるゴーレム像を提示している。それは主人公をはじめプラハのユダヤ人街（ゲットー）で暮らす人々の心の産物、幻滅や倦怠感の反映である。

第1部第2章

石川達夫『マサリクとチェコの精神――アイデンティティと自律性を求めて』成文社、1995年

チェコスロヴァキア初代大統領マサリクの理念形成についての論考。同時に小国であるチェコがいかにアイデンティティと自律性を獲得するかについて、宗教改革や民族復興運動をめぐるチェコ精神史を論じている。

川村清夫『ターフェとバデーニの言語令――ハプスブルク帝国とチェコ・ドイツ民族問題』中央公論事業出版、2012年

オーストリア=ハンガリーにおいてドイツ人支配の状況が崩れ、チェコ人をはじめとする非ドイツ系住民の権利が確立される過程を考察するうえで重要な二つの言語令に焦点を当てており、その背景や経緯を知るのに役立つ一冊。

アロイス・イラーセク『チェコの伝説と歴史』浦井康男訳・注解、北海道大学出版会、2011年

プラハ出身の歴史小説家イラーセクが、チェコに古くから伝わる伝説・物語・予言をまとめたもの。1894年発表。リブシェとプシェミスルの建国伝説やプラハのユダヤ人街を舞台とするゴーレム伝説などを読むことができる。

第1部第3章

三谷研爾『世紀転換期のプラハ――モダン都市の空間と文学的表象』三元社、2010年

民族対立が深刻さを増していった20世紀初頭のモダン都市プラハ。カフカをはじめとする「プラハのドイツ語作家」たちの文学と都市空間との関係を、社会文化史的に重要な資料の分析とともに紹介している。

クラウス・ヴァーゲンバッハ『若き日のカフカ』中野孝次・高辻知義訳、筑摩書房（ちくま学芸文庫）、1995年

カフカ伝記的研究の古典。幼年・青年期におけるカフカの父との確執、プラハ・ドイツ語の位置づけなど、世紀転換期プラハの社会状況がよくわかる。同著者による『カフカのプラハ』（須藤正美訳、水声社、2003）もおすすめ。

フランツ・カフカ『カフカ・セレクション3: 異形／寓意』、平野嘉彦編・浅井健二郎訳、筑摩書房（ちくま文庫）、2008年

カフカの短い小説をテーマ別（1: 時空／認知、2: 運動／拘束、3: 異形／寓意）に分類、断片的な作品から中編に至るまで配列したもの。3では『変身』のほか「あるアカデミーへの報告」などいわゆる「動物もの」が読める。

第1部第4章

カレル・チャペック『ロボット（R. U. R.)』千野栄一訳、岩波書店（岩波文庫）、1989年

チャペックの代表作となる戯曲。人間の手でつくられたロボットがいつしか人間の存在を脅かすという古典的テーマは、ゴーレム伝説との類似性のみならず、AIと現在の人間生活を考えるうえでもいまなお考察の余地があるのでは。

カレル・チャペック『マサリクとの対話――哲人大統領の生涯と思想』石川達夫訳、成文社、1993年

チャペックによる、哲人大統領マサリクに対するインタビュー。民族問題の重要性を認めつつも、さらなる普遍的な問題に目を向けさせようとするマサリクの答えを引き出しているのは、チャペックその人の思想である。

ボフミル・フラバル『わたしは英国王に給仕した』阿部賢一訳、河出書房新社（河出文庫）、2019年

給仕見習いからエチオピア皇帝の給仕、ホテルのオーナーへとのぼりつめるも戦後に道路工事夫となった主人公が道路を補修するように人生を振り返る。回想の対象はドイツ人とチェコ人との民族をめぐる負の連鎖の歴史でもある。

第2部第1章

野村真理『ウィーンのユダヤ人——19世紀末からホロコースト前夜まで』御茶の水書房、1999年

重要な先行文献を資料として提示しつつ、ウィーンにおけるユダヤ社会の成立から第一次世界大戦を経て1938年の「合邦」によって崩壊するまでの過程を論じている。特にガリツィア出身のユダヤ人に関する分析が詳しい。

スティーブン・ベラー『世紀末ウィーンのユダヤ人』桑名映子訳、刀水書房、2007年

世紀末ウィーンのユダヤ人が各分野で活躍したことに加え、自由主義がユダヤ人にとり単なる政治綱領以上のものを意味していたこと、伝統を捨てて同化することに差別や偏見のない未来を見据えていたことを指摘している。

ヘルマン・バール『世紀末ウィーン文化評論集』西村雅樹訳、岩波書店(岩波文庫)、2019年

「若きウィーン」という文学グループで活躍し、ウィーン分離派ら新たな芸術運動の擁護者でもあったバールの評論集。シュニッツラー、マーラー、マウトナー、ヘルツルらユダヤ系知識人についての評論を収める。

第2部第2章

西村雅樹『世紀末ウィーン文化探究——「異」への関わり』晃洋書房、2009年

具体的な事例のみならず、世紀末ウィーンにおいて「異」とされたユダヤ人の背景を示すさまざまなデータが訳されており、統計から当時の社会状況を理解できる。世紀末ウィーンにおけるジャポニズムについても詳しい。

カール・E・ショースキー『世紀末ウィーン——政治と文化』安井琢磨訳、岩波書店、1983年

19世紀オーストリアの自由主義的な価値観とともに生み出された政治傾向や諸文化を父親世代とし、その自由主義社会の崩壊にともなって生じた「エディプス的反逆」を世紀末ウィーン文化の本質としてとらえる古典的名著。

ハンナ・アーレント『パーリアとしてのユダヤ人』寺島俊穂・藤原隆裕宜訳、未來社、1989年

「隠れた伝統」としてのパーリア（賤民）を引き受け、ユダヤ人が他者と「見分けのつかないもの」になるには、個としての生を追求せねばならない。その後のユダヤ人の悲惨な運命をふまえて同化を検証する必要を示唆している。

第2部第3章

渡辺裕『マーラーと世紀末ウィーン』岩波書店（岩波現代文庫）、2004年

マーラーをその音楽からだけではなく、クリムトら分離派の総合芸術、O・ワーグナーのウィーンの都市計画、フロイトの精神分析など、同時代のウィーンの文化状況との関係に焦点をあてながら考察している。

アルマ・マーラー『グスタフ・マーラー――愛と苦悩の回想』石井宏訳、中央公論社（中公文庫）、1987年

マーラーが最も愛し、苦しめられた妻アルマによる回想記。誇張や思い込みによる記述も多いとされるが、迫害と無縁な彼女のマーラーへの無理解がかえって彼の孤独や世界観への理解を増幅させる結果になっており、興味深い。

トーマス・マン『ヴェネツィアに死す』岸美光訳、光文社（光文社古典新訳文庫）、2007年

現在のマーラーのイメージを確立したL・ヴィスコンティ監督の映画『ベニスに死す』（1971）の原作となるトーマス・マンの小説（1912）。美と生の二項対立のあいだで揺れる作家アッシェンバッハにマーラーが重ねられた。

第2部第4章

ヨーゼフ・ロート『ラデツキー行進曲（上・下）』平田達治訳、岩波書店（岩波文庫）、2014年

ロートの代表作となる1932年発表の長編小説。1959年のイタリアとの戦争でオーストリア皇帝フランツ・ヨーゼフ1世の危機を救った「ソルフェリーノの英雄」とその子孫の運命を、帝国の没落に重ねて描いている。

平田達治『放浪のユダヤ人作家ヨーゼフ・ロート』鳥影社、2013 年
ロート研究の第一人者で作品の翻訳も手がける著者が、帝国の東の辺境からパリまで渡り歩いた作家の生涯と、各時代の代表的な作品を論じる。現地調査にもとづいた緻密な記述からロートの苦難に満ちた生活が浮かび上がる。

ブルーノ・シュルツ『シュルツ全小説』工藤幸雄訳、平凡社（平凡社ライブラリー）、2005 年
ロートと同時期にガリツィアに生まれ育ったポーランド語作家ブルーノ・シュルツ(Bruno Schulz, 1892-1942)が生前に発表した2つの短編集『肉桂色の店』（1933）、『砂時計サナトリウム』（1937）を収録したもの。

第 3 部第 1 章

ローベルト・ムージル『特性のない男 I 〜 VI』加藤二郎訳、松籟社、1992 〜 1995 年
未完の長編小説。第一次世界大戦前夜のオーストリア=ハンガリー（カカーニエン）を舞台に、ヨーロッパ世界を破滅へ導くことになる近代的思考が批判的に分析される。第二巻は主人公と妹による愛や恍惚についての会話が中心。

ヨハン・シュトラウス II『こうもり 』（オペラ対訳ライブラリー）、田辺秀樹訳、音楽之友社、2015 年
ヨハン・シュトラウス二世によるオペレッタの対訳版。「どうにも変えられないことは忘れてしまえばいい」というフレーズが基調となる、19世紀後半のウィーン社会に広がり始めた閉塞感を明るい調子で吹き飛ばすような作品。

アルトゥル・シュニッツラー『輪舞』岩淵達治訳、現代思潮社、1997 年
職業も身分もちがう5人ずつの男女。相手を替えつつ愛の場面が展開される。最後の伯爵の相手を務めるのは、はじめに登場した娼婦。愛の円環が完成する。男女の「二重生活」を描き、世紀末の退廃的雰囲気を表現している。

第3部第2章

矢田俊隆『オーストリア現代史の教訓』刀水書房、1995年

紹介されることの少ないハプスブルク帝国崩壊以降のオーストリア、すなわちオーストリア・ファシズム成立の経緯や、ナチス=ドイツへの合邦、第二次世界大戦後、永世中立国となった小国の現代史についてまとめている。

ミーラン・ドゥブロヴィッチ『歴史の横領――サロンと文学カフェから眺めた両大戦間期およびナチス体制下のウィーン』鈴木隆雄訳、水声社、2003年

戦間期ウィーンの文化交流の現場が垣間見える一冊。B・ツッカーカンドルのサロンにはかつてクリムトやマーラーが、カフェ・ヘレンホーフにはムージルやブロッホが通った。いずれの空間も1938年の合邦を機に失われた。

『ホーフマンスタール選集1～4』岩淵達治・富士川英郎ほか訳、河出書房新社、1973～1974年

第1巻：詩・韻文劇、第2巻：小説・散文、第3巻：論文・エッセイ、第4巻：戯曲。詩人でありオペラの脚本も手がけたホーフマンスタールの選集。本章で取り上げたオーストリアの独自性をめぐる論考は第3巻で読むことができる。

第3部第3章

エルンスト・ハーニッシュ『ウィーン／オーストリア二〇世紀社会史1890-1990』岡田浩平訳、三元社、2016年

帝国末期から両大戦を経て冷戦崩壊に至るまでのオーストリアの社会史。芸術作品から市井の人々の証言に至るまで収録・解説している。「埋め戻し」の語も、もともとはウィーンで生活していた外交官の日記からの引用である。

ヴェルナー・ベルクマン／ライナー・エルプ／アルベルト・リヒトブラウ編著『「負の遺産」との取り組み――オーストリア・東西ドイツの戦後比較』岡田浩平訳、三元社、1999 年

ナチズムの過去に対し、冷戦期のオーストリア、東西ドイツの三国がどのように取り組んだかについての比較研究。「外在化」（オーストリア）、「内在化」（西ドイツ）、「普遍化」（東ドイツ）のキーワードを確認したい。

トーマス・ベルンハルト『ヘルデンプラッツ』（ドイツ現代戯曲選）池田信雄訳、論創社、2008 年

1988年初演のベルンハルトの戯曲。戦後オーストリア最大の劇場スキャンダルとなった。かつてヒトラーが英雄広場で演説した際に熱狂的に支持したウィーン市民の歓声は、今もなおユダヤ人の心に暗い影を落としている。

第 3 部第 4 章

ペーター・ハントケ『反復』阿部卓也訳、同学社、1995 年

オーストリアとスロヴェニアの境界で疎外感を抱く主人公が、兄の足跡を反復する旅に出る。「本当の反復は前方（未来）に向かって追憶される。だから反復は、それができるなら、ひとを幸福にする」（キルケゴール）

イヴォ・アンドリッチ『ドリナの橋』（東欧の文学）、松谷健二訳、恒文社、1966 年

ノーベル文学賞受賞作家による、ボスニアとセルビアを結ぶ橋の3世紀にわたる大河小説。オスマン帝国時代に建設された橋は、時代とともに橋を渡る人々の民族構成やメンタリティが変化しても、変わらず二つの世界を結んでいる。

サーシャ・スタニシチ『兵士はどうやってグラモフォンを修理するか』浅井晶子訳、白水社（エクス・リブリス）、2011 年

2019年にハントケのノーベル文学賞受賞を批判したボスニア・ヘルツェゴヴィナ出身のドイツ語作家の長編小説。ボスニア紛争により故郷が大きく様変わりするなか、その変化を成長する少年の目をつうじて描き出す。

おわりに

ミラン・クンデラ『存在の耐えられない軽さ』西永良成訳、河出書房新社、2008 年

外科医トマーシュは、たまたま訪れた田舎でテレザと出会い、結婚を決める。その決断は「そうでなければならない」ものだったのか。大国に囲まれた小国の運命と、状況に翻弄される人間の存在の軽さ・重さがテーマの小説。

ダニロ・キシュ『若き日の哀しみ』山崎佳代子訳、東京創元社、2013 年

愛犬を置いて旅立つ少年の哀しみ。子犬と引き離された母犬の哀しみ。これらは幼過ぎて実感できなかった強制収容所へ連行される父との別れの哀しみを表している。同テーマで語り方の異なる小説『庭、灰』、『砂時計』もある。

ヴァルター・ベンヤミン『ベンヤミン・コレクション 1: 近代の意味』浅井健二郎編訳・久保哲司訳、筑摩書房（ちくま学芸文庫）、1995 年

ベンヤミンが晩年に記した「歴史の概念について」の第九テーゼにヴェンダース／ハントケが参照した「歴史の天使」のアレゴリー像が記されている。そのほか「複製技術時代の芸術作品」、「ゲーテの『親和力』」などを収録。

関連年表

	世界（ドイツおよび周辺）の出来事	中欧の出来事	日本の出来事
	395 ローマ帝国の東西分裂	4世紀～6世紀 ゲルマン民族大移動	
	476 西ローマ帝国崩壊		
		6～7世紀 スラヴ民族の移住、拡大	794 平安京遷都
800	800 フランク王国・カール戴冠、「西ローマ帝国」復興		
	843 ヴェルダン条約、フランク王国の三分裂		
	870 メルセン条約、東フランク、西フランク、イタリアへ	881（オーストリア）ウィーンについての最初の記述	894 遣唐使派遣停止
900	911 東フランクのカロリング朝断絶、ドイツ王国成立	9世紀末（チェコ）プシェミスル朝成立	
		921（チェコ）ヴァーツラフ1世即位	
	962 オットー1世、皇帝戴冠、神聖ローマ帝国成立	996（オーストリア）オスタリキの名称現れる	
1000		1000（ハンガリー）ハンガリー王イシュトヴァーン1世戴冠	
	1096 第1回十字軍（～1099）		
1100		1156（オーストリア）ハインリヒ2世、ウィーン遷都	1192 源頼朝、征夷大将軍に
1200	1200年頃 オスマン帝国成立（～1922）		
		1246（オーストリア）バーベンベルク家断絶	
	1256 神聖ローマ帝国の大空位時代（～1273）	1253（チェコ）プシェミスル・オタカル2世即位	
	1273 ハプスブルク家のルドルフ、ドイツ王に選出される	1278（オーストリア・チェコ）ルドルフ、オタカル2世を破る	1274 蒙古襲来（文永の役）
1300		1310（チェコ）ルクセンブルク朝成立（～1437）	1338 足利尊氏、征夷大将軍に
	1346 ルクセンブルク家のカレル（カール）4世、ドイツ王に即位（1355年に神聖ローマ皇帝）		
1400		1415（チェコ）ヤン・フス、コンスタンツ公会議で火刑	
		1420（オーストリア）ウィーンのユダヤ人の追放と火刑（～1420）	
	1453 ビザンツ帝国滅亡		1467 応仁の乱（～1477）
1500	1517 ルター「九十五カ条の論題」発表		
	1519 カール5世、神聖ローマ皇帝に即位	1526 オーストリア大公フェルディナント1世、チェコ王とハンガリー王を兼ねる	
		1529 第1次ウィーン包囲	
	1555 アウグスブルクの和議。ルター派を容認		1543 ポルトガル人来航
		1580～82頃 B・スプランゲル《ヘルマフロディトスとサルマキス》	
		1583 皇帝ルドルフ2世、宮廷をウィーンからプラハに移す	
		1591 G・アルチンボルド《ウェルトゥムヌスに扮するルドルフ2世》	1600 関ヶ原の戦い

1600		1617 皇帝マティアス（ルドルフ 2 世の弟）、宮廷をウィーンに戻す	
	1618 三十年戦争はじまる（～ 1648）	1618 プラハ窓外投擲事件	
		1620 ビーラー・ホラ（白山）の戦い	
		1625 ウィーンの全ユダヤ人がウンテラー・ヴェルトへ強制移住	1639 ポルトガル船の来航禁止
		1683 第 2 次ウィーン包囲	
		1699 カルロヴィッツ条約。ハンガリーがトルコからハプスブルク領に	
1700		1713 カール 6 世によるプラグマティッシェ・ザンクツィオーン（国事勅令）	1716 享保の改革（～ 1745）
		1740 マリア・テレジア家督を相続。オーストリア継承戦争（～ 1748）	
		1756 七年戦争	
		1765 ヨーゼフ 2 世神聖ローマ皇帝に	
	1775 アメリカ独立戦争（～ 1783）		
		1781 ヨーゼフ 2 世の寛容令	
		1782 農奴制廃止、ユダヤ人の解放	1787 寛政の改革（～ 1793）
	1789 フランス革命はじまる	1791 J・G・ヘルダー『人類史の哲学理念』【第 1 部第 2 章】	
		1792 J・ドブロフスキー『チェコの言語と文学の歴史』【第 1 部第 2 章】	
1800	1804 ナポレオン皇帝即位	1804 皇帝フランツ 2 世、オーストリア皇帝フランツ 1 世を称す	
	1806 ライン同盟成立。神聖ローマ帝国消滅		
	1814 ナポレオン退位、ウィーン会議（～ 1815）、ドイツ連邦成立	1818「ゼレナー・ホラの手稿」（「リブシェの裁判」）の「発見」【第 1 部第 2 章】	
		1825 J・ユングマン『チェコ文学史』【第 1 部第 2 章】	1825 異国船打払令
	1834 ドイツ関税同盟発足		1841 天保の改革（～ 1843）
	1848 フランス二月革命、ドイツ・オーストリア三月革命	1848 フランツ・ヨーゼフ 1 世即位	1853 ペリー来航
		1857 ウィーンの城壁の解体	
	1866 プロイセン=オーストリア戦争	1867「アウスグライヒ」により、オーストリア=ハンガリー君主国成立	1868 明治維新
	1870 プロイセン=フランス（普仏）戦争		
	1871 ドイツ帝国成立	1873 ウィーン万国博覧会	
		1874 J・シュトラウス 2 世『こうもり』【第 3 部第 1 章】	
		1876 T・ビルロート『医学の講義と学習について』【第 2 部第 2 章】	
	1878 サン＝ステファノ条約／ベルリン会議	1878 オーストリア=ハンガリーがボスニア・ヘルツェゴヴィナの行政権を得る	
		1880 ターフェ・シュトレーマイルの言語令	1889 大日本帝国憲法発布
		1891 カール・ルエーガー、キリスト教社会党結成	

	1894 フランス、ドレフュス事件	1894 A・イラーセク『チェコの伝説と歴史』【第1部第2章】	1894 日清戦争（～ 1895）
		1896 T・ヘルツル『ユダヤ人国家』【第2部第2章】	
		1897 ウィーン分離派結成、バデーニの言語令、ルエーガー、ウィーン市長に	
		1898 皇后エリーザベト、暗殺される	
1900		1902 G・マーラー『交響曲第5番』【第2部第3章】	1904 日露戦争（～ 1905）
		1908 オーストリア=ハンガリー、ボスニア・ヘルツェゴヴィナ併合	
1910	1914 第一次世界大戦勃発（～ 1918）	1914 サライェヴォでフランツ・フェルディナント大公夫妻暗殺	1910 日本、韓国併合（～ 1945）
		1915 G・マイリンク『ゴーレム』【第1部第1章】、F・カフカ『変身』【第1部第3章】	1912 大正元年
	1917 ロシア革命	1916 皇帝フランツ・ヨーゼフ1世死去	
	1918 第一次世界大戦終結	1918 ハプスブルク帝国崩壊、チェコスロヴァキア共和国、ハンガリー人民共和国、ポーランド共和国、セルビア人・クロアチア人・スロヴェニア人王国（1929年にユーゴスラヴィア王国と改称）成立、「ドイツ系オーストリア共和国」独立宣言	
	1919 ヴェルサイユ条約、ワイマール共和国成立	1919（オーストリア）ドイツとの合邦（アンシュルス）の禁止、国名を「オーストリア共和国」へ	1919 朝鮮、三・一独立運動
1920		1920 映画『ゴーレム』【第1部第1章】、カレル・チャペック『R. U. R.』【第1部第4章】	
		1923 リヒャルト・クーデンホーフ＝カレルギー『パン・ヨーロッパ』【第3部第2章】	1923 関東大震災
	1925（ドイツ）ヒンデンブルク大統領選出		1926 昭和元年
	1929 世界恐慌はじまる	1929 アントン・ヴィルトガンス『オーストリアについての講演』【第3部第2章】	
1930		1931 クレジット・アンシュタルト銀行破産	1931 満州事変
		1932 ヨーゼフ・ロート『ラデツキー行進曲』【第2部第4章】	
	1933 ヒトラー首相就任、ナチス政権成立	1933（オーストリア）ドルフースによる議会の停止	
		1934（オーストリア）カトリックに依拠する権威主義体制の成立。オーストリア・ナチのクーデター、ドルフース暗殺、シュシュニク体制成立	1936 二・二六事件
			1937 盧溝橋事件、日中戦争開始（～ 1945）
	1938 ミュンヘン会談。ズデーテン地方のドイツ割譲決定、「水晶の夜」	1938（オーストリア）ドイツへの合邦（アンシュルス）	
	1939 第二次世界大戦勃発（～ 1945）	1939（チェコスロヴァキア）チェコ、ドイツの保護領となる	
1940	1942 ヴァンゼー会談。「ユダヤ人問題の最終的解決」の決定		1941 太平洋戦争はじまる（～ 1945）

	1943 モスクワ宣言		
	1945 ヤルタ会談、ポツダム宣言、第二次世界大戦終結、国際連合成立		1945 広島・長崎に原爆
	1948 ベルリン封鎖	1948（チェコ）チェコスロヴァキア、共産党政権成立	
	1949 ドイツ連邦共和国（西ドイツ）、ドイツ民主共和国（東ドイツ）成立		
1950	1951 ヨーロッパ石炭鉄鋼共同体（ECSC）発足		1951 サンフランシスコ平和条約
	1953 スターリン死去	1955（オーストリア）国家条約締結、永世中立国へ	
		1956（ハンガリー）ハンガリー事件	1956 国連加盟
1960	1961 東ドイツ、ベルリンの壁築く		
	1962 キューバ危機	1965 映画『サウンド・オブ・ミュージック』【第 3 部第 3 章】	1964 東京オリンピック
	1967 EC 発足	1968（チェコスロヴァキア）プラハの春、ソ連・ワルシャワ条約機構軍の軍事介入	
1970		1970 ダニロ・キシュ『若き日の哀しみ』【おわりに】	
	1972 東西ドイツ基本条約調印		
	1976 ベトナム統一		
1980	1980 イラン＝イラク戦争（～ 1988）	1980（ポーランド）「連帯」が組織される	
		1984 ミラン・クンデラ『存在の耐えられない軽さ』【おわりに】	
	1985 西ドイツ・ヴァイツゼッカー大統領演説	1986（オーストリア）ヴァルトハイム問題、ペーター・ハントケ『反復』【第 3 部第 4 章】	
		1987 映画『ベルリン・天使の詩』【おわりに】	
		1988 トーマス・ベルンハルト『ヘルデンプラッツ』【第 3 部第 3 章】	
	1989 ベルリンの壁崩壊、マルタ会談で冷戦終結を宣言	1989 東欧革命。ポーランド、ハンガリー、チェコスロヴァキア、ルーマニアの民主化	1989 平成元年
1990	1990 東西ドイツ統一		
	1991 湾岸戦争、ソ連邦の解体	1991（ユーゴスラヴィア）スロヴェニア、クロアチア、マケドニアが独立を宣言、内戦へ	
	1993 EU 発足	1995（ボスニア・ヘルツェゴヴィナ）セルビア人勢力によるスレブレニツァの虐殺	1995 阪神・淡路大震災
	1999 EU、単一通貨ユーロ導入（2002 年流通開始）	1996 ハントケ『冬の旅』【第 3 部第 4 章】	
2000	2001 アメリカ同時多発テロ	2003（チェコスロヴァキア）チェコとスロヴァキアに分離	
		2006（セルビア）ミロシェヴィッチ元大統領死去	
2010	2010 アラブの春		
	2011 シリア内戦はじまる		2011 東日本大震災／福島原発事故
	2015 欧州難民危機		